運がよくなる

宇宙からのサイン

あなたにもサインは来ている

浅見帆帆子
HOHOKO ASAMI

ダイヤモンド社

はじめに　すべての人が本音で生きても成り立つ世界へ

――あらゆるところにサインが来ている

今、時代はかなりのスピードで変化しています。

政治、経済、仕事、家庭、教育、結婚、出産、暮らしなど、あらゆることにおいて、数年前にはまったくなかった新しい考え方やスタイル、選択肢が生まれています。

たった数年で、それまでの常識ではなかったようなことが受け入れられるようになったり、逆に「正しい」とされていたことがひっくり返ったり……その移り変わりが激しいために、なにを基準に生きればいいのかわからなくなっている人も多いでしょう。

一番変化したように感じるのは、「幸せの定義」です。

本来「幸せ」というものは、その定義を決められるものではありません。心で感じる幸せの感覚は誰でも似ていますが、「幸せとはこういう仕事、こういう家庭、こういう暮らし」と「形」を決められるはずはない……居心地よく感じる「形」は人それぞれ違うからです。

人それぞれでいいはずなのに、これまでの時代は、世間の常識や社会で言われている「これが幸せ」という形に自分を合わせ、そこから外れたものを不幸と捉える人が多かった……その結果、その幸せの形を達成してもどこかに欠乏感や虚しさがあるような、心の幸せ度の低い人がたくさん出てくることになりました。つまり、自分の心の感覚で選んでいなかったのです。

その結果、「これは自分が望んでいた状態ではない……」とか「本当にやりたいことではなかった……」と、社会に出て何年も(何十年も)経ってから気付くこともあったはずです。

本音ではないものへ進むことに苦しさを感じる人が増え、自分の本音に正直になる人が増えたからこそ、新しい暮らしのスタイルや価値観がたくさん出てきたのでしょう。

これからの時代は「心の時代」です。精神的なものや、その人自身の感じ方など、目に見えない種類のことが大切にされてくる時代です。

たとえば、なにかを選択するときには、頭で考える理屈ではなく、あなた自身が本音で感じる感覚を基準にしていいことになります。つまり、「好き、ワクワクする、居心地がいい、違和感がない」と感じるものを選び、それとは逆に「嫌い、モヤモヤする、苦しい、違和感がある」と感じるものは選ばなくてよくなる……その方法でうまくいくようになります。

それは、**「心で感じることは真実を伝えている」**ということに、ひとりひとりが気付くようになってきたからでしょう。たとえば、本音と違うことを我慢し続けたり、力で人に強制したり（されたり）、義理や損得や打算だけで動いたり、あえて苦しい道を選ぶことで成長しようとしたり、他人と比較することで競争したり、自分の利益だけを考えて無理を通し続けたり……というような、本当は心がモヤモヤするやり方を続けている人、団体、企業はうまくいかなくなっているということに、多くの人が気付き始めたのです。**ひとりひとりの感じる力が強まった結果、自分の心にごまかしはできなくなっているのです。**

本書に書いている「サイン」とは、この**「あなた自身が幸せになる方向」を教えてくれるもの**です。まわりの自然現象をはじめ、あなたに起こる物事、ふと感じる感覚など、**あらゆるものにメッセージが来ている、**ということです。

「サイン」は、一言で言えば「宇宙との対話」です。この数年、「目に見えないもの」がだんだんと受け入れられるようになり、「そういうものとつながりたい、感じられるようになりたい」という人が増えましたが、誰の生活にもはじめから「サイン」は来ているのです。それに気付いている人は、このサインを自然に生活に取り入れています。つまり、特殊な生活や考え方をしている人だけがつながるものではなく、はじめからその要素はあるのです。

サインは、「直感」という方法でやってくる場合もあれば、「シンクロニシティ」と呼ばれる「意味のある偶然の一致」という形を通して伝えられる場合もあります。「数字」や「いつもと少し違う出来事」というような、些細な偶然が教えてくれる場合もあります。

自分の生活に表れているサインに気付き始めると、次に進む方向がわかったり、どちらにすればいいか迷うようなときに、答えがやってくるようになります。**サインに沿って行動していくと、現実の生活も変わります。**タイミングのよいことが起こり、単発的に起こっていると思っていたことがつながっていくのを実感し、結果的に夢や望みが実現するように物事が動いていくのです。これを「運がよくなる」という言い方をすることもできるでしょう。

そして、サインを意識するようになると、それはますます頻繁にわかりやすく起こるようになります。**あなたにとってわかりやすい形とタイミングで表れるようになる**のです。

日常生活にある、どう考えても偶然としか思えないことの中にあるサインに気付くようになると、まるでなにかに導かれているような不思議な感覚になります。**「動かされている」**という感覚になることもあるかもしれません。

私自身も、はじめは疑り深く、決して大げさに捉えないようにしていましたが、「こんなに小さなことにすら偶然はない⁉」ということがわかってくると、本当に驚きます。**関係ないと思っていた事柄がひとつの方向に向かってまとめて流れ出し、その結果、自分の役割や使命などに自然と気付くこともあるのです**（もしかしたら、それに気付かせるためにサインが来ているのかもしれません）。

あらゆることにおいて、これまでにはなかった新しい形や方法が出てきたことによって、いよいよ、ひとりひとりが本音のままに行動をしても、どこにも矛盾がなく生活が成り立つような時代になってきていると感じます。

誰でも、自分の心が喜ぶことをしていいのです。

ひとりひとりが自分に来ているサインに気付き、人生に起こることを面白く眺めることができますように。もっと本音のままに自由に生きることができますように。

そして、まず自分自身が幸せになることが、結果的にまわりの幸せ（日本の幸せ、世界の幸せ、地球の幸せ）につながっていくことを実感できますように。

浅見帆帆子

運がよくなる
宇宙からのサイン

Contents
目次

第2章

宇宙につながる方法——すべてを自分の本音で選ぶ

第3章

これからの時代に起こること
——枠を外し、あなたに合うやり方で進めばいい

最終章

サインを感じられるようになると、精神的に進化する——まとめに代えて

第1章

あなたにも来ている「サイン」に気付こう

偶然はひとつもない

「はじめに」にも書いたとおり、「サイン」はすべての人の日常生活に来ているものであり、特別なことではありません。**様々な形を通して、あなたの進む方向を教えてくれる「合図」のこと**です。


「そっちに進んでいいですよ！」

「今の心の状態で正解ですよ！」

「そっちには、あなたがワクワクする面白いことが待っていますよ」

「あなたが幸せを感じるのはこっちですよ」

というようなことを示してくれます。


サインは「偉大なる宇宙との対話」です。自然現象をはじめとしたあらゆる出来事、形、現象を通して、今のあなたに必要なことを知らせてくれるのです。

最近では、「目に見えない種類」のことが広く受け入れられるようになり、それらのものとつながりたい、なにかメッセージを受け取れるようになりたい、と思うような人が増えました。

私自身は、はじめからそういう能力があったわけではありません(この類《たぐい》の本を書いていると、たまに「浅見さんはなにか見えるんですか?」というようなことを聞かれるのです〈笑〉)。

ですが、そんな私でも以前より「感じる力」が強まっているような気がします。

それは、特別なことをしたり特別な場所に行ったからではなく、日常生活の些細なことから始まっている……「スピリチュアル」と言われるようなことは、目の前の日常と離れたものではなく、表裏一体で共存していることがわかってきます。

サインを感じる一番はじめは、**「身のまわりに起こる小さな偶然を、偶然と思わずに必然と捉える」**ということから始まります。

たとえば、あなたのまわりに起こることを見回したとき、「ただの偶然だけど、偶然にしてはできすぎている！」と面白く感じるようなことがありませんか？

たとえば数週間前、私があることについて迷っていたときのことです。

仕事に関する小さなことで、AとBどちらにすればいいか考えていました。

「本音ではAがいいのだけれど、本当にそれでいいのかな」と迷っているちょうどそのときに、宅配便で本が届いたのです。

仕事柄、毎月たくさんの本が届くので、それは私が注文したものではありません。

その1冊をパラッと開いてみると、そのページのはじめに大きく「それでいいのです！」と書いてあったのです（笑）。

あまりの偶然に、思わず笑ってしまいました。

でも実は、こんな小さな偶然ですら、サインなのです。

と考えている
ちょうどその時に

はじめのうちは、
"偶然を喜ぶ"という捉え方だった。
でも「そういう偶然」が
あまりに続くと、
"知らせてくれているんだ"
と思わざるをえなくなる…。

数ヶ月前のこと、執筆業とは違う新しい分野の仕事を依頼されました。まったく経験のなかったことなので誰かに話を聞きたいと思ったときに、その道の専門家であるSさんのことが浮かびました。ですが、Sさんとは7、8年ほど前から連絡をとっておらず、私から気楽に連絡をとれる間柄ではなかったので、手紙を書くのも気が進まないし、かといって突然のメールは失礼だし……と思いながら日にちが経ってしまいました。

すると、それから数日後の朝、メールを開いたら、なんとそのSさんからメールが来ていたのです。「え？　私が送ったからかしら？」と一瞬わからなくなってしまうほどタイムリーでした。

驚いてよく見ると、実はそれは今日来たメールではなく昔のものだった……つまり、7、8年前、最後にやりとりをしたものが受信ボックスの一番上に表示されていただけだったのです。どうやら、受信ボックスのボタン（メールの受信日時を古い順に表示するか、新しい順に表示するかというボタン）をさわってしまったらしく、そのとき残っていた一番古いメールが、たまたまSさんからのものであり、それがトップに来ていただけだったのです。

ただの偶然ですが、「これはサインかもしれない！」と思いました。

そこですぐに連絡してみると、数時間後に電話をいただくことができ、私が知りたいと思っていたことをとても丁寧に教えてくださいました。

あのメールの入れ違いは、「連絡して大丈夫だよ！」というサインだったのでしょう。


このようなことが頻繁に起こると、まわりに起きていることがただの偶然とは思えなくなります。

それを偶然と思わずに追っていくと、**そこに意味があって起きていたことがわかる**のです。

ポイントは、それが起きたときに無理に「意味づけ」をするのではなく、**自分の心が反応するかどうか……**「面白い！（笑）」とか、「あれ？　これはなんだろう？」など、自分の心がいつもと違うように反応することを、偶然と思わずに受け入れることなのです。

ふと思いついたことを信じる

偶然という点から言えば、**「理由はないけれどふとそう思った」**という感覚も同じです。いつもそう感じるわけではないのに、なぜかそのときはそう思う……これもサインなのです。

先日、出かける準備をしていたときのこと、その日はじめて会う方に、自分のどの本をお渡ししようかと考えていました。いつもはたいてい代表作のAかBの本を渡すのですが、そのときはなぜか絵本が気になった……そこで絵本を持って出かけたのです。

するとやはり、その方はAとBはすでに読んでくださっていて、そして話をしているうちに、持ってきた絵本がそのときの相手の状況にぴったりであることがわかりました。「よくぞこんなにぴったりの本を持ってきてくれましたね」となりますが、私にしてみると「なんとなく気になったから」という感覚です。

このときに頭で考えて「初対面だから代表作のAのほうがいいかもしれない」とか、「男性だから絵本ではないほうがいいかな？」などと考え出すと、「やっぱりそうだった！」という展開にはならなくなります。

似たようなことは、誰にでもあるでしょう。たとえば、いつも決まった場所で会う人なのに、ふと別のお店が気になって待ち合わせ場所を変えてみたら、「このお店、来てみたかった！」と相手に言われたり、そこに行く途中で探していたものを見つけたり、数日前に考えていた人にバッタリ出会ったり……**実はそっちに本来の意味があった**、というようなことです。

よく、「一度家を出てから戻ったほうがいいような気がして戻ってみたら、鍵をかけ忘れていた、電気がつけっぱなしだった」というような「小さな虫の知らせ」が起きるときがあります。

または、部屋自体になにも異常はなくても、戻ったおかげで別の忘れ物に気付いたり、戻ったときに電話がかかってきたおかげで大事なことを思い出した、というように、思わぬところに意味があることがあります。これがもっと大きなことになると、部屋に戻ったことで電車を乗り過ごし、そのおかげで事故に遭わなくて済んだ、という結果になる人もいるのです。

たとえすぐにその意味がわからなくても、なにかの「時間調整」をされているのかもしれません。こういうとき、**なにか人間の力を超えた大きなものが、全体のバランスを見て調整しているような感じがする**のです。

いつも同じことを思うわけではないのですから、「ふと戻りたくなった」というのも、なにかの意味があってそう感じている……このような小さな感覚を偶然と思わないこと、まずはそれがサインに気付く一歩です。

「ひらめき」につながるサイン

このようなことがさらに進むと、後になって**「ひらめき」**と呼ばれるようなサインもやって来るようになります。

でもそれは、その思いつきを行動に移したからこそ、後になって「ひらめき」となっただけ……その始まりは、**日常の何気ない感覚のひとつとしてやって来る**のです。

先月のこと、自宅の近くをウォーキングしているときに、ふと、いつもとは違う道へ歩いていきたくなりました。そっちは人通りが多いので、ウォーキングのときは行かないようにしているのに、なぜか気になったのです。

そこでその道に進んでみると、向こうから歩いてくる女性のTシャツに目が留まりました。それを見たとき、私の中にあることが浮かんだのです。

今私は、介護ユニフォームのデザインをしています。数年前、ある介護施設の内装デザインをしたときに、「介護ユニフォームって、どうして素敵でおしゃれなものが少ないのだろう？」と思ったことがきっかけでした。

介護業界は、現場で働く大部分が女性です。女性だからこそ、身につけることで気持ちが上がるユニフォーム、「私もあの制服が着たい！」と思えるようなものがあってもいいのでは？　と思いました。動きやすくて丈夫であることはもちろんですが、「ただの作業着」ではなく、おしゃれな室内着の感覚で身につけられるもの……具体的に言えば、その格好のまま、近所にお茶をしに出かけられるような装いです。そのほうが、お世話をされる側も明るい気持ちになるはず……そこで、私も含め、介護に関わっていない人でも着たいと思えるものをデザインし、業種に関係なく日常の普段着として愛用していただいています。

昨年から始まったそのライン（浅見帆帆子ライン http://www.apron.co.jp/care/hohoko/）の続きとして、小児科の看護師さんたちが使う、子ども向けエプロンのデザインを依頼されました。子どもが見てうれしくなるような「かわいいエプロン」のデザインです。

私の絵本に出てくる「ダイジョーブ」というブタのキャラクターを描くことは決まっていたのですが、どうも全体像がイメージできませんでした。

それが、その女性のTシャツを見たときに浮かんだものがあったのです。

それを見た瞬間、「こういう感じでいけばいいいな♪」と全体の絵の構図が見えた気がした……のですが、それだけでは決定打になりませんでした。なにかもうひとつ足りない……と考え続けていた数日後、なんとまた同じTシャツを着ている女性と出会ったのです。

正確には同じTシャツではなく、似たような色合いの同じような感じのものでしたが、それを見たときに、私の中でさらにはっきりと浮かんだイメージがあり、「やっぱりこれしかない!」と心が決まったのです。

結果的に、先方の会社の皆さまにとても気に入っていただけたデザインに仕上がりました。

思い返してみると、あのデザインを思いつくことができた一番はじめは、**「いつもと違う道に行ってみたくなった」という、ふとした感覚**です。

そして「ひらめき」は、それを行動に移したときだけ「ひらめき」になることがわかります。実際にためしていなかったら、後から考えると覚えてもいないような一瞬の感覚なのです。その一瞬、時間にしたら1秒もないくらい……ですから、それを頭で考え出すと実行できなくなるのです。

あのときの私は、そのデザインのことを考えながら歩いていたわけではありませんでした。ですが、その人にとって今必要なこと（無意識にアンテナを張っていること）にぴったりの情報を、「偉大なる英知」や「宇宙」と表現されるものが、いろいろな方法を通して教えてくれているのでしょう。

講演会で話をしているとき、突然、次に話すことを忘れてしまうときがあります。本当に突然、次の話が飛んでしまう……はじめの頃はとても焦りました。仕方がないので、そのときに浮かんだことを思いつきで話すことになります。

すると、講演の後に会場で集めたアンケートを見てみると、「今日の講演で一番よかったところ」という欄に、私が思いつきで話した内容が書かれていることがよくあるのです。

私にしてみるとただの思いつきなのですが、そのとき会場にいらしていた方々にとっては、その部分が一番面白かったという結果になっている……**「ふと思いつく」というのはでたらめではなく、そのときの全体にとって必要なことなのだ**とわかるようになりました。

その人達の考えていること
‖
必要なことが
私に届く（集団意識）
私は"突然思いついた"
と感じる

サインに気付くと、物事の展開が速くなる

前述のようなサインに気付かなかったとしても、別に大問題が起こるわけではありません。メールの上下が入れ替わっていたことを見逃してしまっても、違う道に目が向いたことを無視してしても、それだけが絶対の方法ではないからです。形を変えた違う方法で、再びサインはやって来ます。自分の心が反応したそのときでよく、それでは遅い、ということもありません。

ただ、はじめから気付いたほうが、物事の展開がスピーディーになることはたしかです。

Yさんは、日頃から血糖値の数値が高く、長いあいだに慢性化していました。何年間も同じ状態が続いているので改善に急を要することでもなく、毎日そのことを考えているわけではありません。

ところが、あるときから、「人間ドック」という文字がやけに目につくように

なりました。

道を歩いているとき、本を読んでいるとき、何気ない感覚で、それが目に留まるのです。

そんなとき、久しぶりに会った友達から、突然「一度人間ドックを受けてみたら？」と言われました。

病気に関係ある話をしていたわけではなく、突然出てきた話題……ですが、血糖値が高いのは生活習慣病の一種なので、人間ドックで改善策が出るわけではありません。また、普段から頻繁に血液検査を受けていたので、そのときは気持ちが動きませんでした。

するとそれから1ヶ月後、今度は「目に見えないものが見えるような人」から、また同じことを言われたのです（余談ですが、最近はこの「目に見えないものが見える」というような人が本当に増えましたよね。もともとその力があったことをカミングアウトする場合もあれば、多くの人が自分の感じる力を信頼するようになったために、その部分が敏感になっている人も多いと思います。本来、人間にはそのようなものを感じる力がはじめからあると思うので、私としては別に不思議なことではない

と思いますし、いずれはすべての人がその類の力を思い出すようになると思っていま
す)。

話を戻しますが、このとき相手はYさんの血糖値のことなどまったく知らず、突然思いついたかのように、「なぜか病院が浮かぶので、一度人間ドックを受けてみては?」と言われました。

短いあいだに同じような表現で同じことを言われたために、

「あれ? また同じことを言われている……」

とYさんの心が反応しました。

そこで、人間ドックを申し込むことにしました……それをきっかけに、いつもとは違う新しい病院を紹介してもらったのです。

検査の結果は予想通り、血糖値以外はなにも問題なく、新しいなにかが見つかったわけでもありませんでした。ところが、その病院で出会った医師から、血糖値を下げるための新しい方法を教えてもらい、それをためしてみたところ、5年以上も改善されなかった血糖値がたった1ヶ月で正常値になったというのです。

本来の目的は「人間ドック」ではなく、その医師に出会うことだったのです。

このように、その人にとって必要なことは、違う形で、違う人から、違う方法で伝えられてきます。

もし、一番はじめにYさんが感じていた「なんだか人間ドックという言葉が目につく」というサインの段階で行動に移していたら、あとのふたりの言葉は出てこなかったかもしれません。また、もしそれでも気付かずに流していたら、さらに別の形のサインが来たかもしれない……たとえば、風邪や怪我など別の理由で病院に行かざるをえないことが起こり、それによってその新しい先生に出会う、という展開になるとか……。

偶然という形を装っていつもと違うことが起こり、そこで「あれ？　これはなんだろう」という感覚になったとき、ためしにそれに沿って行動してみると、自分にとって意味のあるサインであったことがわかるのです。

ここで気付くと
一気にショートカット。
展開は早いかも…。

でも、こっちの道が
「遠まわり＝失敗」
ということでもない。

単に、自分の意識に応じて
サインは来ている！
ということ
いろんなタイミングで何回も。

その人にとって「わかりやすい形」でサインが来る

私の知り合いのミュージシャン（Mさん）も、日々起こるサインを自分の生活に自然に取り入れている人です。

それまでのMさんの仕事は「歌う」ことがメインでしたが、サインに気付き始めてから作曲をするようになり、それが自分の望んでいたことだったと気付いたのです。

Mさんのサインは、「道を歩いているときにペンを拾う」というものでした（笑）。なぜか……ペン、それも黄色いペンを拾うらしいのです。歩いている道の真ん中や、駅のホームや階段、何気なく座った椅子の横など、とにかくペンを拾う……もちろん、毎日、下を見て歩いているわけではありません（笑）。

それがあまりに続いたとき、「これはなにかを書きなさいというメッセージかもしれない」と思い、久しぶりの友人や後回しになっていたお礼状など、思いつく人に手紙を書き始めました。

ですが、どうもそれではないような気がする……そこで次に日記を書き始めましたが、それも違う……最後に音符を描き始めたら、それが一番しっくりくることに気付きました。それからは夢中で作曲を始め、今でも作曲の仕事をされています。そして不思議なことに、作曲を始めた頃からペンを拾うことがピタッと止まったというのです。

Mさんはこれ以外にも、ある決まったものを「拾う」という現象をたくさん経験されています。Mさんにとっては、「拾う」という形でサインが来やすいのかもしれません。


まわりにある様々な例を聞いていると、どうも、**それぞれの人にとって「サインが来やすいパターン」があるよう**です。人によって得意な方法が違うのでしょう。たしかに、「一般に目に見えないものが見える」という人たちも、得意とする方法が違います。はっきりとした映像で見える人もいれば、声が聞こえる人もいるし、心に強く湧く人もいれば、特定の存在が出てきて話しかけてくる、というような人もいるようです。

恐らく、日常生活に来ているサインに気付き始め、それが進んだ先には、誰でもそういう人たちと同じようなことができるようになるのでしょう。

考えてみると、私は「夢」の中に来やすいのです。

それを意識し始めたのは、7、8年ほど前のことでした。眠っているときの夢に、今書いている本の表紙が出てくるようになったのです……と書くと特殊能力があるみたいですが、そうではありません。はじめの頃は、夢の中にたまたま「きれいな景色」や「面白い場面」が出てきたので、「ちょうどいいから、これを本の表紙に使おう」と、私が勝手に利用していただけのことです。

ところが次第に、夢の中に「本そのもの」が出てくるようになった……つまり、まだ書いていない本の表紙にタイトルと絵がついたもの（完成した本の形）が出てきて、それが遠くのほうから近づき、私の横を通り過ぎるようになったのです。

このような見せ方をされると、さすがに「これは次の本の表紙のことなんだろう」とか「次のタイトルはさっき見た言葉にしようう」など、自然と心が決まるものです。

この頃から、「よくわからないけれど、夢の中にはなにかが来る！（笑）」と面白く眺めるようになりました。そして、私がどういう状態のときにその手の夢を見ることができるのか、実験し始めたのです（この実験については、拙著『あなたと宇宙とあなたの使命』〈世界文化社〉を参考にしてください）。


さらにそれから数年後、眠っているときの明け方の時間……起きているか寝ているかわからないようなぼんやりとした状態のときに、サインが来ることが多いことに気付きました。

見る内容も、昔のように「本に関係あること」だけではありません。

そこで見たものが数日（数週間）後にそのとおりになったり、夢で私が話していたことが、現実の私の生活の「ある状況」を表していたりすることが多くなったのです。はじめは私の望みが夢に出てきてしまっているのかと思いましたが、思ってもいなかった人や場面が展開されることを思うと、私が頭で考えたものではなさそうなのです。

もちろん、なかには現実の生活から影響を受けているだけの夢もたくさんあります。そういう日常的な夢（雑夢）と、サインとなっている夢の違いがはっきりとわかるようになった……それは簡単に言うと、夢から覚めたときの私自身の「感じ方」なのです。

サインとなる夢のときは、起きたときに、その夢があまりにもリアルに感じられ、細部まで記憶しています。なによりも、「今の私に必要なことはこれ」とか、「これは今書いている本の続きだ」とか「気になっていたあの事柄は、今こういう状況だろう」と明確にわかるのです。「多分こういう意味かな」とこじつけるような曖昧さではなく、はっきりとわかる……これを繰り返すうちに、「やっぱり夢にはなにかのサインが来る！」と確信するようになりました。

そして、私自身が確信すればするほどその方法が強まっていくのです。サインを与えている側からすると、「この人はこの方法なら気付く」とわかったので、その方法を通して教えてくれるようになるのかもしれません。

私の友人でも、「決まった場所に行くと声が聞こえる」という人がいます。

その場所とは大自然の中ですが、特に「聖地」とされている場所でもなければ有名なところでもなく、その人の別荘の近所だと言います。

この人は大企業の経営者であり、普段から「そういう捉え方」をする人ではありません。ですが、そこで聞こえたものをそのまま受け入れ、会社をはじめ、生活全体の指針としているそうです。

そして「聞こえる」と言っても、その始まりは、**「そこに行くと、なぜかふと浮かぶことが多い」という、自分の心に湧いてくる自然な感覚**でした。決して「自分の耳の近くで声がした」わけでもなく、「なにかが見えた」というわけでもなく、心に湧いてくるだけ……ですからはじめのうちは、ただの思いつきとして流していたそうです。または、大自然の美しさに影響されて神秘的なことを考えてしまったのだろう、と思ったり……。

ですが、大自然の中に行くたびに思いつくことがあるわけではない……そこでためしに、その感覚のとおりにしてみたら、現実の生活が面白い展開を始め、あのときの感覚は偶然ではないということに気付いたと言います。

するとその感覚に自信を持つようになり、自信を持ったことによって、その方法（その場所）で伝わることが増えたのでしょう。

神社仏閣をはじめパワースポットとされているところは、もともとエネルギーの強い土地ですが、それ以外にも、その人が「好き、気持ちいい」と感じる縁のある場所であれば、どこでもいいのです。

また、同じ場所に行っても人によって感じることは違います。どれが正解でどれが間違っているということはなく、その人がそこで感じたことがその人にとっての正解なのです。

サインはどこから来るのか？

サインは、今の人間の目に見えない領域からやって来ます。それを「宇宙」と呼ぼうが、「偉大な英知」と呼ぼうが表現は自由ですが、**自分のまわりに起こることは連動していて偶然はない、**ということなのです。

心理学者のカール・ユングが提唱した「シンクロニシティ」という現象があり

ます。これは「意味のある偶然の一致」のことであり、「一見バラバラに起こっているように見えるふたつの事柄が、あることを暗示している」という状態のことです。

たとえば、あなたがおばあさまにもらって大事にしているネックレスが、あるときブチンと切れた、まさにそのときにおばあさまが天に召された……このとき、ネックレスが切れたこととおばあさまが亡くなったことは、まったく関係ないところで起こっている別のことです。ところが、片方で起きている事柄が、別の事柄を暗示していることになる……当人にとってはなにかのサインになっているのです。

このような大きな意味があったときは印象に残りやすいですが、実は同じようなことは日々起こっているのです。たとえば、仕事で起きた出来事が家庭で起きていることの意味を表していたり、身近な人に起きたことが、実は自分自身に起きていることの答えであったり……。

次の図のように、**人の意識は表面的には別々のものとして存在していますが、水面下ではすべてつながっています。**

表面的には
単独で存在しているように感じいる

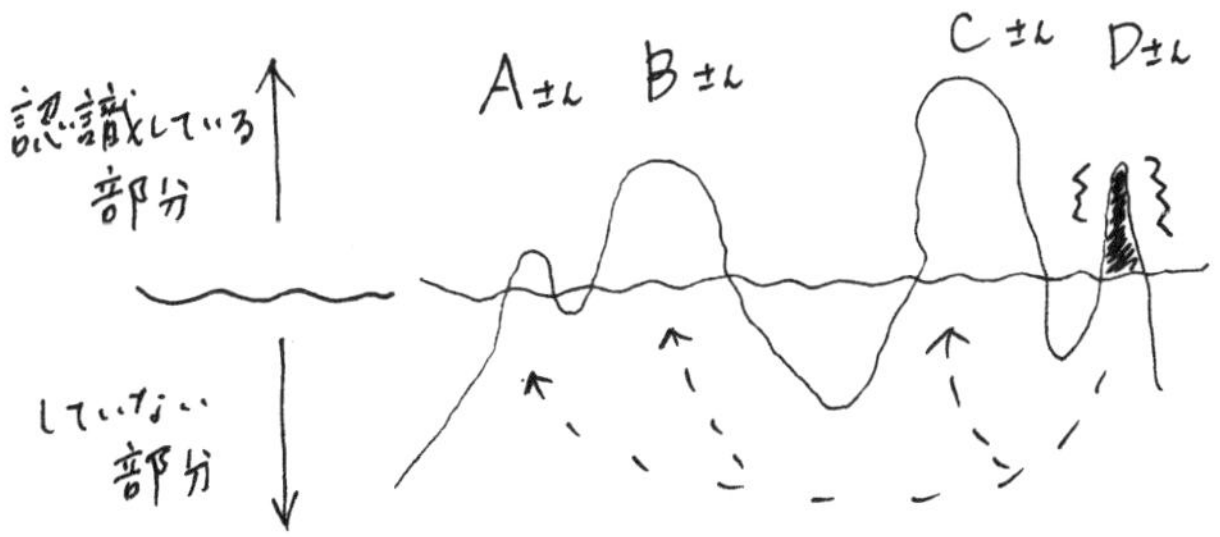

Dさんが揺れれば
水面下、意識レベルで
他の人にも伝わる

よく、「なんだか気持ちが沈んで憂鬱」というときに、あなたの仲のいい人や身近な人も同じ状態だった、ということがあると思います。水面下の意識ではつながっているので、片方が下がればその影響を受けるのです。もちろん、片方が上がれば、もう片方も引っ張り上げられます。

運のいい人の近くにいると、自分も運がよくなる、というのと同じ仕組みです。

これまで私の本に書いてきた「どうにもならない問題が起きたとき、それとまったく関係ないところでプラスのパワーをためると、その問題自体が解決される」というのも同じ仕組みです。あなたのまわりのひとつの部分をプラスにすることで、マイナスになっている別の部分の問題が引っ張り上げられ、解消するように動いていくのです（プラスのパワーについては、拙著『あなたは絶対！　運がいい』〈廣済堂出版〉を参考にしてください）。

「掃除をすると運がよくなる」というのも同じです。

部屋を掃除すれば、たしかに気持ちがよくなりますが、人間の私たちから見ると、掃除と運は関係ないように思えます。ですが、**ひとつの部分の汚れをとることで、別の部分の詰まりを流すことにつながり、結果的に物事がスムーズに流れ**

るようになるのです。

また、これも私がよく本に書いている、**「まずあなた自身が幸せになると、それが最終的に世界の幸せにつながる」**というのも同じ仕組みです。

心から幸せを感じている人たちが日本にたくさん増えると、その思いのエネルギーが水面下の意識でつながっている他国の人たちへ伝わり、結果的に世界の幸せに貢献することになります。同じように、日本で争いや傷つけ合いや憎しみなどのエネルギーが増えれば、それはどこかの国の戦争を悪化させることにつながるのです。

つまり、先に書いた「メールの入れ違い」という現象も、表面を見ると「たまたまSさんのメールがトップに来た」というだけなのですが、同時に別の意味を暗示していることになるのです。

私にとって必要なことを別の形で見せてくれている……「それとこれとは関係ない」と思っているのは私たちの勝手な判断であり、**まわりに起こることはすべて、今のあなたになにかしらの意味を伝えている、**ということです。

数字が示すサイン①
――自分で決めた数字を通して答えがやって来る

もっと偶然性を利用するサインもあります。

一番わかりやすいのが「数字」……**そのときに出てくる数字を偶然と思わずにサインと捉える方法**です。

私が数字のサインに気付いたきっかけは、数年前のこと……当時、私が「ある同じ状態」のときに同じ数字を見ることが続いたからでした。

「ある状態」とは、私の心がいい状態のとき……つまり、穏やかでなにも不安がなく、仕事やプライベートでワクワクしていたり、自然の美しさに感じ入っていたり、心から楽しい気持ちになっているときや、大笑いをしているようなときに、同じ数字を見ることが続いたのです。

それはデジタル時計の表示であったり、車のナンバープレートであったり、個人に与えられるシリアルナンバーがその数字の羅列になっていたりなど、本当に些細なことでした。こんなことは誰にでもよくあること……ところが、あまりにも同じ状態のときにそれを見ることが続いたので、「なにか意味があるのかもしれない、偶然にしても重なりすぎる」と感じるようになったのです。

そこで、実験してみることにしました。

自分のラッキーナンバーを決めて、その数字を通して答えが来るかどうかをためしてみたのです。あまりに同じ現象が続くので、「本当にそうなの？」と、宇宙をためしているような感覚でした。

あえて、それまで続いていた数字ではなく、ラッキーナンバーを「1番」と決めました。そして、

「迷ったときや、それで正解！　というときには、1番という数字を見せてください」

と宇宙にオーダーしたのです（この「宇宙にオーダーする」という言い方は、夢や望みを実現するときに私が使う表現です。意識を定めてはっきりとした言葉でオー

ダーすることで、引き寄せるものを変えていくためです。宇宙へのオーダーの仕方は、拙著『あなたと宇宙とあなたの使命』を参考にしてください）。

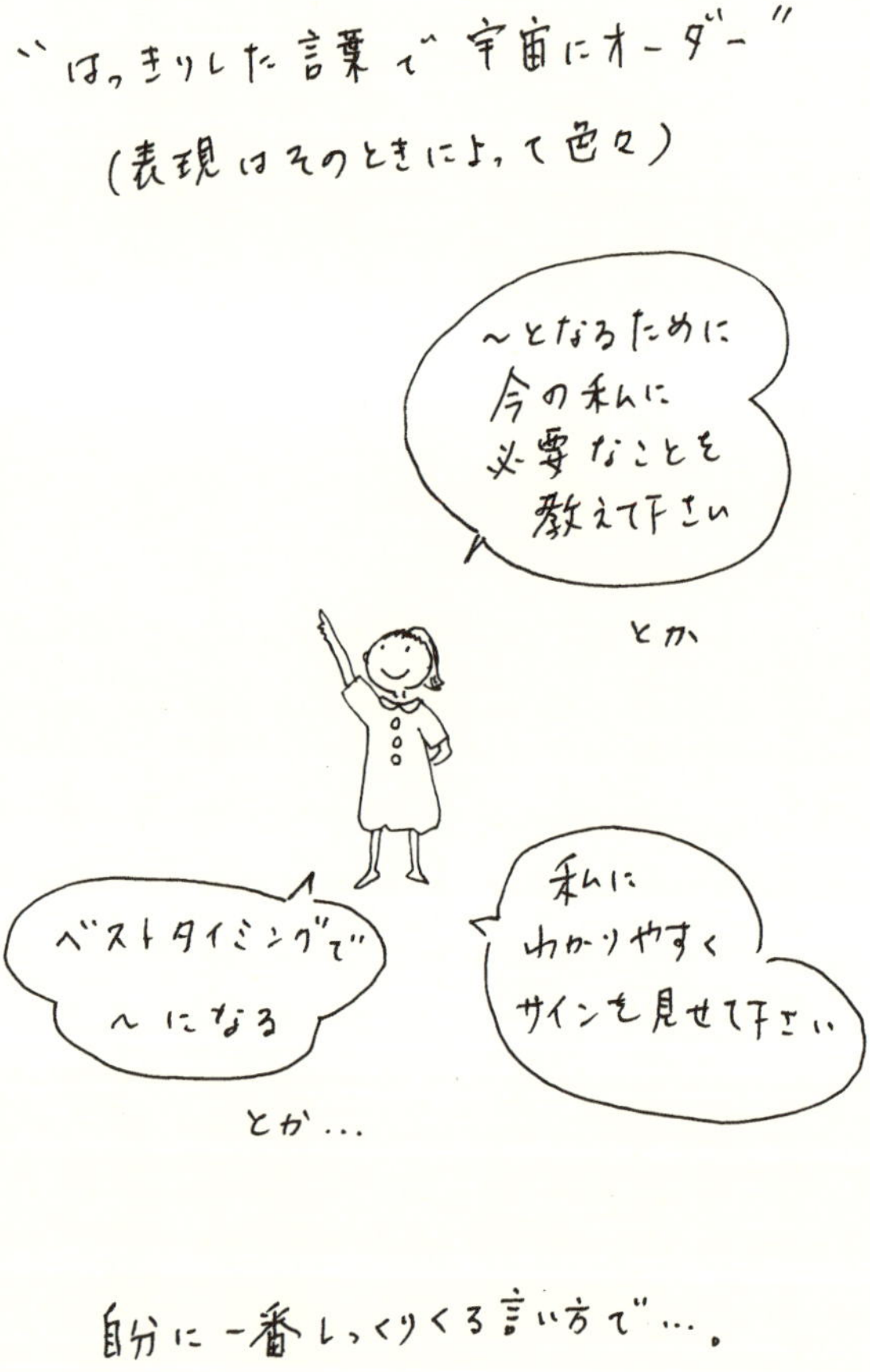
“はっきりした言葉で宇宙にオーダー”
(表現はそのときによって色々)
〜となるために今の私に必要なことを教えて下さい
とか
ベストタイミングで〜になる
私にわかりやすくサインを見せて下さい
とか…
自分に一番しっくりくる言い方で…。

するとそれからしばらくして、本当に1番を通してサインがやって来るようになったのです（笑）。

たとえば、私がなにかで迷っているとき（本音はだいたい決まっているけれど自信がないようなとき）に、ふと時計を見ると「11：11」だったり、読みかけの本を開くとページ数が111ページだったり、そのことを考えながら買い物をすると、お釣りが1111円だったり……。

私がそれを考えているまさにそのときに1番を見る……、しかも、「どういうときに1番を見るか」と私自身が決めて宇宙にオーダーしているのですから、「1番を見たらゴーサイン、それで正解！」ということだと捉えています。

この原稿を書き始めるときもそうでした。急に原稿の全体像が浮かび、思いついたことを走り書きしました。新しい紙を取りに行っている間に忘れてしまいそうだったので、近くにあった紙の余白（昔の原稿がコピーされている紙の裏）に、思いついたことから次々とメモをとりました。

そしてそれが終わったとき、ふとその紙の表を見てみると、そのページが111ページだったのです（笑）。

実際、そのメモが軸になって書き始めたことを思うと、「その内容で正解！」ということだったのでしょう。そしてそのときの私は「いいことを思いついてワクワクしながら夢中でメモをとっている」という、やっぱり「いい状態のとき」なのです。

こういうこともありました。

母と車に乗っていて、ある事柄がどんなふうに展開していくかを想像して話していたことがありました。その事柄は、私と母にとって「いつも考えているわけではないけれど、気になっていること」だったので、冗談を交じえつつも結構真剣に話していたのです。「こういう結果になるんじゃない？」とか「こんな展開になるかもしれないわよ？　……だとしたら面白いわねえ」と話していたそのとき、対向車線からナンバープレート1番の車が走ってきました。

「あ！　見て見て！」と興奮して指さしたら、その次の車が「1111」番、その次の車がまた「・・・1」番、そして最後の車が「・111」番だったのです。

1番の車が4台続くとは……あまりに驚き、興奮しすぎて声がかれたほどです。

そして実際に、そのとき私たちが話していたことは、その予想どおりの経過をたどり、予想どおりの展開で完結したのです。

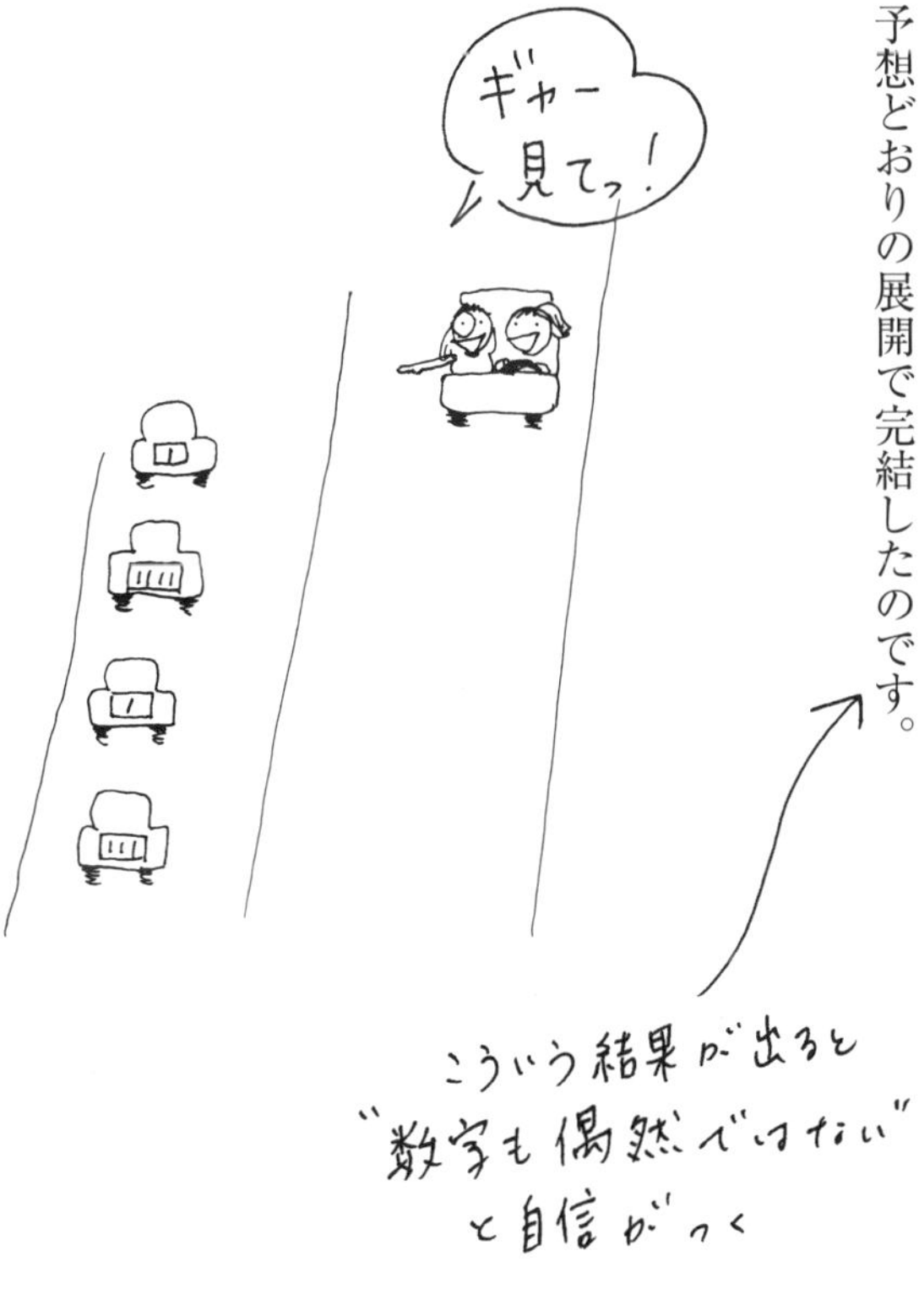
ギャー
見てっ!
こういう結果が出ると
"数字も偶然ではない"
と自信がつく

このようなことが起こるとき、はじめのうちは「私が意識して1番を探してしまっているのかな」と思いました。または、「無理にこじつけようとしているのかな?」とか。ですが、私はこの手のことをすぐに信用できるタイプではないので、自分が本当に納得するまで、何回も繰り返して現象を観察します。この段階で人に話すことも、ほぼありません。

いくら意識して1番を探しても、そうそう見つかるものではないのです。そしていくら実験と言っても、どうでもいいようなことや、自分の心が真剣ではないときには、それを見ることはないのです。

数字が示すサイン②

——アジア平和を思う1番

私の個人的な話ですが、他にも1番が続く場合があります。

私は数年前に、なぜか突然「アジア平和」というキーワードにピンと来てしまい、「今までの活動は、すべてアジア平和に向かうためにあったんだ」という方向へ意識が切り替わったことがありました。

「なぜ、突然?」と考えても、きっかけになることは特になく、突然そこに納得してしまい、今までバラバラだったことがひとつにつながったような感覚になったのです。

ですがはじめのうちは、それを人に話すことはありませんでした。「アジア平和のような大きなことを口にして許されるのは、もっと社会で大きく活躍している人だけ……、私が口にするのはおこがましい」という思い込みがあったからです。

そんなときに3・11の東日本大震災が起き、「自分の思い込みの枠に縛られている場合ではない」と気付いて、人前でも話すようになりました（アジア平和とカンボジアについては、拙著『だから、本音がいちばん!』〈朝日新聞出版〉に詳しく書いてあります）。

当然のことながら、私の意識が切り替われば、講演会や執筆活動に対しての心構えも変わります。

それまでの私は、ただ「自分の生活で実験したらこんな面白いことがわかった、感動した、だからそれを本に書く」というスタンスでしたが、そこに急にアジア平和のイメージが加わったのです。

不思議なことに、そのスタンスで仕事に向かうようになってから、さらに頻繁に1番を見るようになりました。それも非常にわかりやすいのです。

アジア平和への思いを膨らませて講演会に向かうと、飛行機や新幹線の号数や座席番号がほとんど1番になります。座席は指定できますが（もちろんこちらから番号まで指定してはいませんが）、11番ゲートの11列の11席なんてなると、驚きを通りこして笑えてくるものです。あるときなど、予約していた席を直前になってキャンセルし、空港でとりなおした結果、「11列の11番席しか空いていない」となったこともありました。

そのまま向かった現地の会場では、講演会場前の道路（工事中のなにかの標識）が「1111」となっていたこともありました。

ないない!!
こんな偶然、
狙っても難しいと思う…
これさぁ…
出来過ぎだよね～
でも
大げさに捉えてないよね～
こじつけてないよね～
結構、
疑り深い私

同じように、いろいろな形で1番のサインを見ていた沖縄講演（2011年12月）では、現地の方々から「浅見さんはセーファーウタキに行ったほうがいいと思います」と勧められました。講演の後、その土地の意味もわからずに行ってみると、そこはかつて「聞得大君《きこえおおぎみ》」（琉球神道における最高神女）が祈りをささげた斎場であり、「アジア平和を祈っていた場所」であることを知ったのです。当時の私は「世界遺産のセーファーウタキ」と聞いて、「滝の名所かな？」なんて思っていたのに……。現地の方々の勧め方が「おすすめだから行ってみてくださ い」というものではなく、「浅見さんみたいな人は行くべきです」というような伝え方をしてきたことも印象的でした。

私がアジア平和を心に思い、静かなワクワク感を盛り上がらせているときに1番を見ることが多い、ということは「アジア平和を心に浮かべてワクワクしているその状態は正解！」というサインなのかもしれません。どんなに疑り深く否定しようとしても1番は続くし、そう考えるほうが自然、という表れ方なのです。

実際に、アジア平和を意識し始めてから、あらゆることの流れがよくなりました。タイミングのいいことが起こる、それに関係ある仕事がお膳立てされたように動く、というように流れが速くなるのです。

このあたりから、まわりの人にも数字のことを話し始め、数字が示すサインに確信を持つようになりました。

この数字のサインは、誰にでも同じように起こります。数字も何番でもいい……実際、私自身もはじめに見ていたのは違う数字でしたが、自分が「1番」と決めてから、1番に変わりました。自分が意識して決めたものであれば、それを通して教えてくれるようになるようです。

数字が示すサイン③
——神社関係で動く1番

さらに私の個人的な話ですが、1番が続く別のバージョンがあります。

これも数年前のこと、なぜか急激に「伊勢神宮」とのご縁が深まったことがありました。

「浅見さんは、神社や神道についてどのようにお考えですか?」とある人に聞かれたことがきっかけで、神社庁をはじめとするその世界の方々と次々に知り合うことになったのです。

新しい人だけではなく、昔から知っていた神社界の人たちと、その時期に集中して再会することにもなりました。

私としては、その頃から流行り出していた「パワースポット的な話」にも特別興味はなかったし、突然神社にピンと来たわけでもなく、「勝手にそういう流れになっている」という感覚でした。

その流れにまかせているうちに、伊勢神宮に何度か足を運ぶことになり、2013年の春に『あなたの感じる伊勢神宮』(世界文化社)という本を書かせていただくことになりました。

後の話をわかりやすくするためにも、ここでちょっと伊勢神宮の説明を……。

伊勢神宮は、皇族のご先祖の神様(=皇祖神)である「アマテラスオオミカミ

（天照大神）」がおまつりされている場所であり、正式名称を「神宮」と言います。一般的に「神社」と言われるものには、「〇〇神宮」と表される、「神宮」という「号」を持つ神社がありますが、それらはすべて、天皇の皇祖神である天照大神や、その分霊、または歴代の天皇に関係ある神様をおまつりしています。もちろん、すべてが天照大神からのつながりとすれば、あらゆる神社が天皇家に関係あることになりますが、特に「〇〇神宮」とつくものは、歴代の天皇ご自身や、天照大神、その親神である「イザナギノカミ、イザナミノカミ」など、皇族に特に深い関連のある神様がおまつりされているのです。

また、古事記や日本書紀では、「伊勢神宮＝アマテラスオオミカミ＝天津神（アマツカミ）」であるのに対し、「出雲大社＝オオクニヌシノミコト＝国津神（クニツカミ）」と表現され、天上界の高天原《たかまがはら》を治めた天照大神と、地上界を治めた大国主命との両方の物語が、ときには重なり合い、ときには単独進行で書かれている箇所が多く見られます。古事記は、政治に都合のいいように改ざんされている部分が多いと言われますが、恐らくそこには、両者の対立の歴史背景などがあるのでしょう。

図らずも、２０１３年は伊勢神宮と出雲大社の「式年遷宮《しきねんせんぐう》」が重なっています。

式年遷宮とは、本殿をはじめとした神様のお住まいを、形はそのままで新しく造りかえる「神様のお引っ越し」であり、伊勢神宮は20年に一度、出雲大社は60年に一度行われる。両方の遷宮が重なるのは１９５３年以来、60年ぶり。

両方の神様が争いなく和合することが、日本の再生と今後の展開に大きく関係するような気がしています。

……という背景があるとき、一言で「神社に縁がある」と言っても、私はどうやら「天津神（アマツカミ）」のほうのご縁が強かったらしく、伊勢神宮とのご縁が深まった数年前から、天津神系の「〇〇神宮」と名のつく神社ばかりに足を運ぶことになったのです。

これは本当に不思議なことで、ただの一度も私が自分で計画したものはありません。

不思議な力のある人たちから、突然「○○神宮に行ったほうがいいと思います」と言われ、あれよあれよと言う間にそこへの旅行がアレンジされる（たいていの場合、アレンジされたその日だけ、私の予定も空いています）、すると次は別の人から「～～神宮に行ってください」と言われる……そう言われても、突然行けるものではありません。ですがこれもほうっておくと、数ヶ月以内にその地域へ行く仕事が入ったり、意外な人に「～～神宮へ行こう！」と誘われたりして、結局行くことになってしまうのです。

プライベートで出かけた旅行で、たまたま「○○神宮」を通りかかり、通りかかっただけなのに思わぬ知り合いと出会い、なぜか正式参拝をすることになってしまった、ということもありました。そしてたいていの場合、行く先々でそこの宮司さんとお会いすることになるのです。

また、天照大神が現在の伊勢神宮の土地（三重県伊勢市の五十鈴川のほとり）に鎮座される前に、一時的に鎮座されていた場所を「元伊勢」と言いますが、この元伊勢とされる神社にも次々と足を運ぶことになりました。

第10代崇神《すじん》天皇の時代までは、神様を表す「三種の神器」は天皇のおそばにまつられていたが、この時代、国内に疫病が蔓延したため、崇神天皇は、神様が天皇のそばにまつられていることが原因と考え、娘のトヨスキイリヒメ（豊鍬入姫）をお伴にして、三種の神器を皇居の外に出すことに決めた。トヨスキイリヒメが始めた旅を、第11代垂仁《すいにん》天皇の皇女である倭姫《やまとひめ》が受け継ぎ、神様にふさわしい土地を求めて各地をまわったとされている。現在の伊勢の地にたどりつく前に一時的に神様をまつった場所（数十ヶ所）が「元伊勢」とされ、各場所に神社が建てられている。

私としては、とにかく「大げさにこじつけて考えないようにしよう！」と気をつけていたのですが、まるで仕組まれているかのように「〇〇神宮」と元伊勢に関係ある神社に参拝することになる……そしてこの動きをしているときに、また1番が重なるのです。

先ほどのような交通機関が示す1番もあれば、訪ねた神社の住所の番地が1番地であったり、宿泊先のホテルの部屋番号やおみくじの番号など、一体これはなんなのだろうと思うことばかりでした。

サインを追っていくと、使命がわかる

私の場合、「アジア平和や神社関係の動きをしていると、なぜか1番が重なる」ということに気付いたのは、この1年くらいのことです。でもそのときは「現象に気付いた」というだけで、「たしかに不思議だけど、だからなんなの？(笑)」と思い、それがなにを表しているのかには気付いていませんでした。

それがほんの数ヶ月前のこと、「たしかに、そこになにかの役割がある」と私自身がはっきりと自覚することがありました。

ある講演会の主催者と、食事をしていたときのことでした。

翌日の講演会の成功を祈って乾杯したり、お互いの笑い話で盛り上がるなど、和やかに会食が進んでいたとき、突然その主催者が言ったのです。

「浅見さん！　そろそろ本当に自覚したほうがいいですよ、ご自分の役割に」

私が驚いて黙っていると、

「今までの流れを考えてみてください。どう考えても動かされているし、サインが来ているじゃないですか」

私としては、ちょうど「サイン」というタイトルでこの本を書いているところだったので、その言葉が出たことに反応してしまったのですが（笑）……、考えてみると、たしかにその講演会に向かうときもサインが続いていたのです。

講演会の前日は、ファンクラブの人たちと一緒に地元を観光するバスツアーに参加していました。

皆さんと一緒に新幹線の最寄り駅から貸切バスに乗ったとき、私たちのバスの前をずっと一緒に走っていた車、その車のナンバーがたしかに1番でした。そのあとに寄った神社で、皆さんと一緒におみくじをひいたら「大吉の1番」、そのあと遊覧船に乗ったら、その船の番号が「○○○11号」、夜になり、主催者の方々と会食の場所に向かうと、入口の隣の桟橋にさっきの遊覧船の「○○○1号」が泊まっていました。次の日、撮影のためにビデオカメラをまわしたら、後ろを通った遊覧船がまた11号、そして考えてみると、この日は○月11日だったのです。

また、そのツアーでまわっていた神社も元伊勢であったことに気付きました。私はその地に行くのははじめてで、信頼する友人たちに以前から勧められていたからその神社に決めたので、決めた当時、そこが元伊勢であることは認識していなかったのです。

さらに思い出してみると、この講演会の数週間前に行った淡路島では「イザナギ神宮」、その1ヶ月前には九州の「幣立神宮《へいたて》」に正式参拝をしています。どちらも私が計画したものではなく、形として「ついて行ったら、そういうことになっていた」という流れでした。そして、それぞれの神社で宮司さんとお話しするたびに、「またこういうことになってるなあ」という似たような感覚になるのです。

「役割がなかったらあり得ない動きをしているんです。そこを自覚しただけで、大きくなにかが動き出しますよ」

という、その主催者の自信たっぷりの言葉を聞いたとき、私の中で本当にいろいろなことがつながりました。

思い出してみると、それに近いことを言われたことはこれまでにもたくさんあった……昔から応援してくださる経営者の方々、不思議な力のある友人、神宮の神職の方、事務局のスタッフからも、この数年同じようなことを繰り返し言われていました。

それらが全部つながり、はじめてそれを自覚したのです。

誤解されては困るのは、私が特別に選ばれた人、というわけではありません。人には誰でもそれぞれの役割、使命があります。

むしろこれまでは、そういう言い方をする人が苦手だったのです。勝手に意味づけされてまつりあげられているように感じたり、私をいい気分にさせてくれているのだろう、と思っていたからです。

ですがそのときは、「たしかにこれまでのことを振り返ってみると、なにかあるのかもしれない。人にはそれぞれ役目があるけれど、私の場合はこれなのかもしれない」と、妙に納得したのでした。

前の私
たしかに1番.
でも、だから何!?
それで!?
そうに違いない
と思っていたのに、
とても静かに納得.
"なにかあるとしか考えられない"
という気持ち

もちろん、だからと言って、突然変わった動きをするわけでもないし、どこかで修行をしたり神事をしたりするようなこともありません。でも、私がそれを自覚しただけで、私をとりまくいろいろなものが連動するはずです。

そして、自分の行動のなにが「神事」にあたるかもわかりません。たとえば、私としてはただ「お参りする」というだけの行為のつもりでも、それがなにかの「神事的な役割」を果たすことにつながっているのかもしれないし、私という人間の後ろにいるたくさんの目に見えないものたちが、その神社に行く必要があるから動かされているのかもしれません。または、その人の前世を含めた持って生まれた役目として、その神社に行くことでなにかが成就されるのかもしれません。

ですから、私がイメージする修行（滝に打たれる?）や、神事（祝詞をあげる?）に限られたことではなく、生活の中で自然としたことが、それにつながっているかもしれないのです。

少し話がそれますが、この数年、神社に足を運ぶ人が増えました。私自身、「昔から神社が大好きだった」というわけでもないのにそうなっていることを考えても、同じような人がたくさんいるのも不思議ではない……日本全体にとって、「神様ごと」が今必要なのかもしれません。

２０１３年現在、日本の代表である安倍晋三総理の奥様である安倍昭恵さんとも、いつも神社の話で盛り上がります。昭恵さんも、決して昔から神社好きだったわけではない……ですが、数年前にふと「これからは神様ごとが必要」という思いを感じられ、その思いに忠実に全国の神社に足を運んでおられます。

その流れの感覚は私とまったく同じ……つまり、行く場所や日時などが自動的にアレンジされ、行く先々で、そこに自分が来た意味が紐解かれていくと言います。恐らく、神社に関係ある動きをするときには、誰でも似たような流れを感じていることでしょう。「そのような動き」をしている人は、世の中に大勢いるのです。これらを見ても、そのような「目に見えない力や動き」が今の日本に必要であることを感じます。

思い出してみると、２０１３年6月に、雑誌『ＷＡＧＯ―和合―』の紙面で昭恵さんと対談させていただいたときにも、また1番が重なりました。

『WAGO―和合―』は、神社にまつわる様々なことを多方面から紹介している雑誌ですから、「当然、今日の対談は神社に関係ある話になるのだろう」と思いながら会場に向かっているとき、「そういえば、今日は11日だな」と気付きました。そして、駐車場に車を停めると、私の前の車のナンバープレートが「1111」であり、対談会場のホテルの部屋が11号室だったのです（笑）。

ひとりの人の意識の変化が、まわりに与える影響

前述の私に起こった変化のように、たったひとりの意識の変化でも、まわりにいる人たちに影響を与えます。

たとえば、会社のトップにいる人の意識が切り替われば、それをアック語らなくても社員全体の意識が自然と変わるように、**ひとりの人のエネルギーの変化は、目に見える近い範囲だけにとどまっているものではありません。**

事実、私が自覚した日を境に、私のまわりに「一皮むけた！」と報告してくる

人がたくさん出てきました。もちろん、私に起こった変化については知らない人たちばかりです。その人なりにステージが上がり、生活が変わり、「覚醒した！」というような経験をした人たちの報告を聞くたびに、まわりにいる人はすべてつながっていることを実感します。

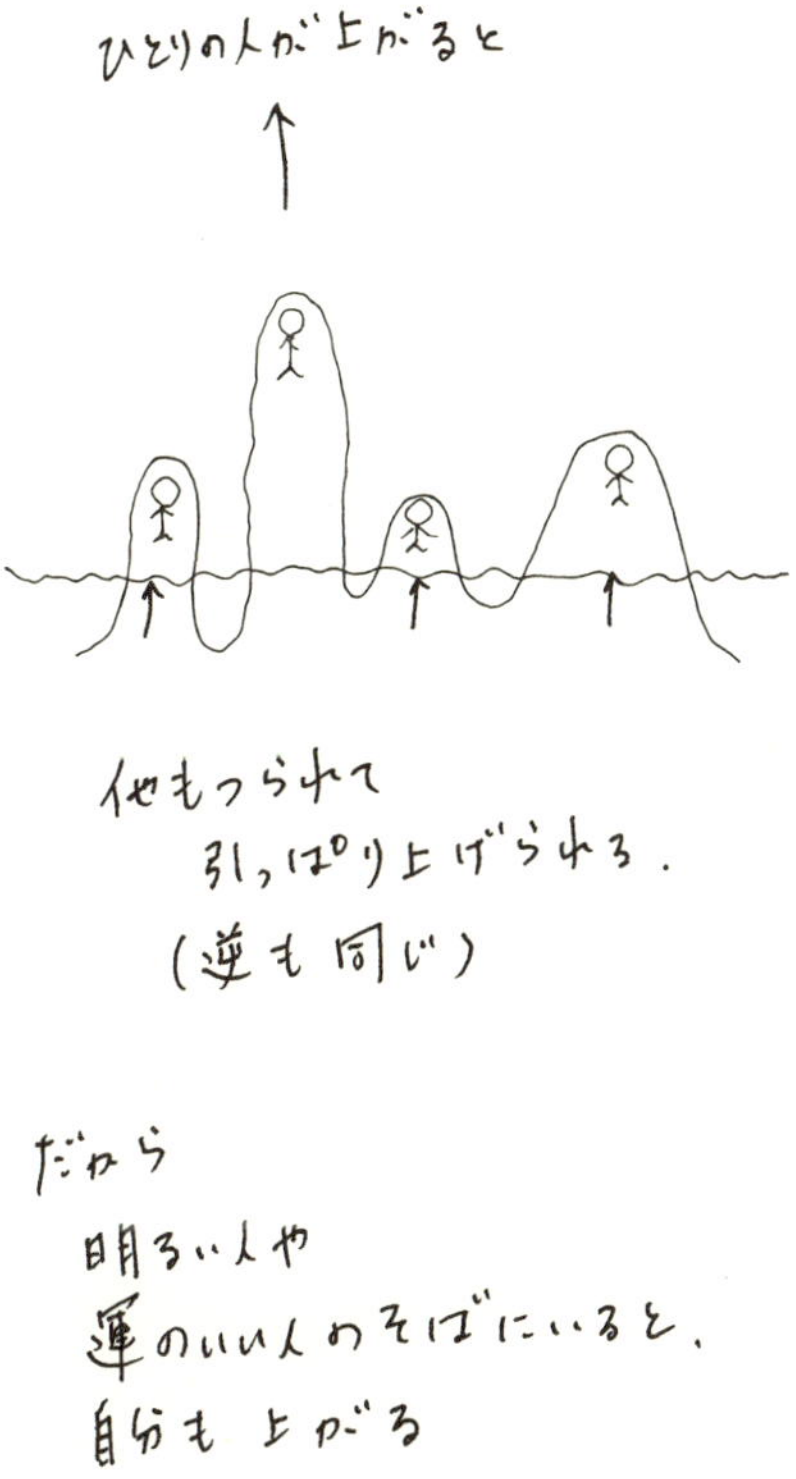
ひとりの人が上がると
他もつられて
引っぱり上げられる。
(逆も同じ)
だから
明るい人や
運のいい人のそばにいると、
自分も上がる

最近では、「前世（過去世）」というようなものに対しても、多くの人が柔軟になりました。

「今の自分の状態は、前世のあのことが関係しているのかもしれない」とか、「今の人生の先祖を調べてみたら、こういうことをしている人だとわかった、だから、今自分がこの仕事をしていることにも納得できる」というように、前世やご先祖さまからのつながりを意識する人も増えています。

私自身は「輪廻転生」の考え方を受け入れていますが、これも確かめることはできないので、結局は本当のことなのかわかりません。

ですが、この1番のサインのように、自分のまわりに起こる偶然を追っていくと、「もしかしたら、自分はこういう方向に役目があるのかもしれない」ということに、誰でも自然とたどり着くような気がします。それを「前世」とか「サイン」という呼び方をしていないだけで、**「これまで起こってきたことを考えると、どう考えてもそこに自分の意思はなく、なにかに導かれているような気がする、なにかがあるとしか思えない……」**という感覚になっている人は多いのです。

偶然という形を追っていくと、これまでバラバラに起こっていたようなことが、実は全部ひとつのものに向かって流れているということに気付く、それが、その人の役割や使命というものとつながっているようです。

この使命や役割のようなものが、前世の影響を受けているのか、今回の人生ではじめて方向づけられたものか確定はできませんが、ひとつだけたしかなことは、**本来のその人の役割（使命）のようなものに進み始めると、その人を取り巻く全体の流れがよくなる、**ということです。それとは直接関係ないような、日常生活のすべての物事がいい流れになるのです。

多分、本来の役割に向かい始めたときに感じる、その人自身のなんとも言えない納得する感覚や、覚悟、決意、静かなワクワク感など……その状態でいれば、その人の他の部分も同じように進化、展開していく、ということなのでしょう。

始まりは「ただの偶然」に思えるサイン、でも実は、その人の本来の役割が紐解かれるようなことにまでつながっていきます。そしてその始まりは、誰の生活にも同じように表れているのです。

まわりの現象が表すサイン

数字はわかりやすい方法ですが、他のあらゆる現象も、表面的な出来事の裏に別の意味が隠されていることがあります。

「その物事が起きたときに感じること」が、その人にとっての真実なのです。

Uさんが、休暇でリゾート地へ向かっていたときのことです。

連休やお盆の時期でもないのに、高速道路で大渋滞に巻き込まれました。事故があったのか、高速道路に入った直後から流れが止まっています。現地での集まりに遅れないように余裕をもって出発したのに、普段は30分のところを1時間以上かかってしまった……そこでようやく渋滞情報をチェックしてみると、「○○インターまで20キロの渋滞」と出ていました。

「ああ……まだまだ先は長い」とガックリしてふと顔をあげると、もうすぐそこが○○インターであることに気付きました。そしてそのインターを過ぎると、渋滞情報のとおりに車はスムーズに流れ出し、少し遅れただけで集まりにも出席することができたのです。

実はUさんには、1年以上抱えている心配事がありました。日常生活でも常にそれが気になり、先の見えないことへの不安や苛立ち、ただ待っているだけの不安定な気持ちをずっと抱えて過ごしていました。

ところが、「絶望的な気持ちで運転していたけれど、すぐそこが○○インターだったと気付いた」という経験をしたとき、Uさんは「これはあの問題のことを暗示している」と感じたそうです。つまり、「ちっとも動いていないように感じるけれど、ノロノロでも確実に状況は変化していて、気付いたらもうゴール間近だった、ということになるだろう」と感じたのです。

このような話は、それを体験していない私にとってはそこまでの納得感はありません。ですが本人にしてみると、とても自然にそれを感じ、まるでそれを知らせるかのように起こったこと、と感じているのです。

そのUさんの続きの話です。

現地に着いた翌日、Uさんが友達と会うために別荘を出ようとしたら、バッグの中に玄関の鍵がないことに気付きました。

「たった今、ドアに鍵をかけたのだから、どこかに落としたのだろう」と玄関まで戻り、ガレージへの通路や近くの植え込みまで探しましたが見つかりません。

仕方なく、車の中に置いてあったスペアーキーを持って出かけました。

出かけた先で友人と楽しく過ごしているうちに、鍵のことなどすっかり忘れてしまい、夕方家に戻って車を停めたときにようやく思い出した……そのときふと足元を見ると、まるではじめからそこにあったかのように鍵が落ちていたのです。

そこは出かける前に何度も探したところであり、落ちていれば見つけないはずがない、というわかりやすいところでした。外からは門で仕切られているので、外に落ちていた鍵を誰かが拾ってくれたということもあり得ません。

これを見た瞬間、Uさんはまたしても「これはあの問題に対しての答え」と感じたと言います。つまり、「うまくいくかどうかを心配せず、今日を楽しく過ごしていれば、神業と思われるようなことが起こって解決するだろう」と捉えたのです。

Uさんは、普段、「このような考え方をする人」ではありません。それがこのときは、誰に言われたのでもなくとても自然に「そういう意味だろう」と思い、それを確信したそうです。

いつもと違うことが起こったとき、「これはどういう意味かな？　なんでこんなことが起こったんだろう？」と考えてみると、「なるほど……」と気付くことがあるのです。

先に書いた、ネックレスが切れた後からおばあさまのことを知り、「どう考えても、あれはこれを暗示していたとしか思えない」という確信力と同じように、圧倒的な強さでそれを感じるのです。

このUさんのことに関しては、現実の世界にまだ結果が出ていません。ですが、この経験をしてから、Uさんはそれについて心配するのをやめ、「完璧に手放して宇宙にあずける」というスタンスになったので、これまでにはない新しい展開が起こるだろうと思います（事実、こうして原稿を書き進めている途中にも、新たな展開があったようです）。

形は違うけど
伝えたいことは同じだよね…
わからなければ何度でも、
形や方法を変えて
サインは来る

第1章まとめ

偶然と思えることをサインと捉えるようになると、それをきっかけに次の物事がつながり始めます。なんでもかんでも無理に「意味づけ」をするのではなく、そのときに自分の心が反応するものだけでいいのです。逆に言うと、**まわりの人にはそう感じられなくても、その人がそう思うのであればそれが真実である、**ということです。その人が「そういうストーリー」を作れば、それに沿ったように物事は動いていきます。

サインの感覚がわかるようになると、まわりに起こる小さなことが、実はいろいろなことを伝えてくれていることがわかります。昔の剣豪に、木の葉一枚で相手の状況や戦術がわかる者がいたというように、その現象が同時に別の意味を含んでいることがわかるのです。そしてそれを信頼するようになると、**サインはますますはっきりとわかりやすく起こるようになります。**

このサインの感覚を、大きな会社の方向性やビジネスに生かしている経営者もたくさんいます。

このように分析をすることなく、もっと単純に、はじめから当たり前のように取り入れている人もいます。「ふとそう思った、偶然が続いた→だからこうした」というように単純に受け入れているのです。

なによりも、**サインに気付き始めると生活自体が面白くなる**はずです。見えないなにかに導かれているような、見えないなにかがコンタクトをしてきているような、神秘的な扉を開けてしまったような感覚にもなります。

そして、すべてがつながっていることがわかるので、無駄なことはひとつもないことがわかり、**今自分に必要なことを助けてくれるなにかがある、ということに安心できて、目の前に起こることを楽しめるようになる**のです。

第2章

宇宙につながる方法

――すべてを自分の本音で選ぶ

気持ちがワクワクすることはサイン

第1章に書いた様々な形のサインは、自分の心が反応する「偶然の一致や、いつもと違う感じ方」を、偶然と思わずに必然と捉える、ということにかかっています。

同じように考えると、あなたが日常生活で感じる「ふとした本音の感覚」というものは、常にサインになっているのです。

他の人の感じ方と違ったり、特に理由はないのになぜかそう思ったり……この**「理由はないのにそう感じる」という感覚がサイン**です。

これは言葉を変えると、「直感」ですが、「直感」という言い方をすると、「瞬時に答えがわかるはっきりとしたもの」という強いイメージを持たれがちです。そこまで衝撃的な感覚ではなく、それを見たとき、聞いたとき、考えたときに、なんとなく漠然と感じる感覚も、サインなのです。

２０１３年６月に、読者の皆さまと一緒に、ハワイの「ヘイアウ」と呼ばれる聖地を巡るツアーを実施しました（これは、２０１２年に実施したツアーの２回目……前回のツアーで、聖地をまわることで参加者の皆さまに思いもよらない「いいこと」が次々と起こり、「盛り上がったエネルギー」というものがその場にいる全員に与える効果を実感したため、巡る聖地を変え、同じ形で実施したものです）。

神社と同じように、ヘイアウにもそこに宿っているとされる神様があり、それぞれの土地のエネルギーは異なります。

今回巡った３つのヘイアウは、どれも「再生、生まれ変わり、新たな自分の誕生」というような意味合いの強い場所でした。「新しい出発をするために、今心にある不安をその土地に置いていく」という場所や、「過去の出来事に平和的に終止符を打つ（別れを告げる）」という意味のある土地なのです。

不思議なことに、今回集まった読者の方々は、そのエネルギーと同じ状態の人ばかりでした。

「私、今まさに再出発なんです！」とか「新しいスタートを切るために、会社をやめたところです」など、はじめは合わせて言ってくださっているのかと思いましたが（笑）、それぞれの状況を詳しくうかがうと、たしかにそのとおり……新たなスタートを目前にしている人や、すでに踏み出している人、それにともなって出てきた過去への執着や未来への不安を整理したいと思っている人たちが多かったのです。

参加者の皆さまは、各ヘイアウの意味を知ってからツアーに申し込んでいるわけではありません。「前回はそう思わなかったのに、今回はどうしても行きたい」「なぜかこのツアーのことを考えるとワクワクするというような思いで参加してみたら、たまたまそういう土地だった」というだけのことです。またこちらとしても、似たような意味を持つ土地を意図的に集めたわけではなく、道順を考えた結果に過ぎません。

昨年のツアーで訪れたヘイアウは「豊穣、豊かさ、今の状態に感謝をする」というようなエネルギーの場所ばかりであり、今回のメンバーが昨年のツアーに参加していたら同じようなことにはならなかったことを思うと、やはり**「なんだかワクワクする」というのは、その人にとってそこになにか意味があるからそう感じるのだ**と思います。

頭で考えるのをやめる

直感で選ぶときに大切なことは、**「なんだか違う、モヤモヤする」という心にひっかかるものがあるときに、その感覚を無視しない、**ということです。誰でも、「ワクワクする」という感覚には比較的素直に進むことができますが、本当はモヤモヤしているのに、それを無視してしまうことは多い……それは、心ではなく頭で考えたことが優先されているからです。

たとえばなにかに誘われたとき、本音では「なんだか行きたくない」と感じる……それなのに、

「せっかく誘ってくれたのだから、相手に申し訳ない」
「新しい広がりがあるかもしれないから、行ったほうがいいかもしれない」
「なんとなくの理由で断るのは間違っているかもしれない」

というように、頭で考え始めたときに、断ることが難しくなります。

利害のからむことや仕事でも同じです。

心では「気持ちが乗らない」と感じているのに、

「ビジネスとしては、やったほうがいい（得）かもしれない（自分の欲）」

「みんなが勧めているから正しいことなのだろう（他者による判断）」

「あの人の紹介だから断れない（義理）」

「これくらいなら簡単にできるからやってしまおう（過去の経験からの判断）」

など、頭で考え始めると頑張る方向になりがちです。


それは、「頭で考えたことのほうが理知的で正しい」という思い込みがあるからです。

こういうとき、ためしに本音の感覚を無視して、頭で考えたことを優先して選んでみると、簡単に結果がわかることがあります。

特に利害がからむ仕事の場合、頭で考えた理由を優先して選ぶと、後からおかしなことが起こりやすくなります。途中で小さなトラブルや食い違いが起こったり、相手が損得勘定だけを基準に動いていることがわかったり、関わる誰かが嫌な思いをしたり、異常に時間と労力がかかったり……そこに関わるみんなが豊かな気持ちになった、という結果になりにくくなるのです。これはどんな規模のビジネスであっても、大なり小なり誰もが感じていることでしょう。

もちろん、その途中でひとつひとつを修正して進めば結果はいいほうへ変わっていくので、「はじめに違和感のあったものは絶対にまとまらない」ということではありません。ですが、そこには余計な時間やエネルギーが必要になります。はじめからわざわざそれを選ぶことはない……自分で選べることに関しては、お互いにとって違和感がなく、心からワクワクするものを選んだほうがいいに決まっています。

つまり、はじめにあった違和感は、その物事全体の「ちょっとずれている」というものを察知しているのです。

簡単な未来予知のようなものです。「理由はないのにそう感じる」というのがすごいところ……この感覚をサインとして、もっと信頼することです。

これはもちろん、「利益を考えてはいけない」ということではありません。

たとえば大きな利益を生み出している企業も、その一番はじまりは、それを始める人に、

「それをいいと思った！　どうしてもやりたいと思った！　それを考えるとワクワクしてしまう」

という本音の感覚があったからです。

それが結果的に多くの人を幸せにして、その代価として利益が出ているだけで、大きな企業の創業者ほど、そのスタートは本当に純粋な心の感覚であることがわかります。恐らく、直感や「根拠のないふとした思い」を取り入れる勇気がはじめからあったのでしょう。私から見て「この人は直感が冴えている！」と思う人たちも、その一番はじめは、自分の中にあるちょっとした違和感や、「なんとなくいいと思う」という何気ない感覚を信頼することから始まっているのです。

日常生活でこの感覚を磨いていくと、大きなことも小さなことも、すべてを直感で選ぶことができるようになります。そして、その感覚に間違いはない、ということに確信が持てるようになるのです。

だいたい、起きている事柄に「大小」はありません。

友人からの何気ないお誘い……、もしそこで人生を変えるようなことが起こったら、そのお誘いは突然大きな出来事に変わります。同じように、仕事として成り立つ大きなこと（と、あなたが思っていること）に対して、本音とは違うのにそれを選んだために、そこに余計な時間や労力がかかってしまえば、そこから受けるモヤモヤとしたエネルギーは他の部分にも影響を与えます。

ですから、むしろあなたが大きいと思っていることこそ、直感（自分の本音の感覚）で選ぶことなのです。

少しでも迷ったら、やめていい

私の知人で、普通の人には見えないようなことが見えたり聞こえたりする人（仮にKさん）がいます（第1章でも書いたように、最近ではこの類の人が本当に増えました。その見える程度も人によって違い、まだまだ本物と偽者が混在していると思いますが、Kさんは一応私が信頼している人です）。

そのKさんに、実験のつもりで聞いてみたことがあります。

私の本音では「やりたい！」と心が決まっていることについて、

「こういう話があるんだけど、どう思う？」

と聞いてみると、

「やっていいと思う」

と、すぐに肯定の答えが返ってきます（Kさんは自分の意見を言っているわけではありません。見えるものや聞こえるものをそのまま私に伝えてくるのですが、その答えから私が判断した結果です）。

逆に、私の本音としては「やりたくない」と決まっているときにも、同じような聞き方で聞いてみます。

すると「やらなくていいんじゃない？」とか、「ダメダメ！」という答えが返ってきます（これもKさんが「ダメ！」と判断しているわけではありません。Kさんの伝えてくるものから、「それはどう考えてもやらなくていいだろう」と私自身が判断しているものです）。

つまり、私がはじめに感じている感覚とKさんの答えが、いつも一緒なのです。

もっと微妙な聞き方をしてみたこともあります。

「こういう話があるんだけど、やったほうがいいと思う？」

これがまさに、「あまりやりたくないんだけど、仕事としてはやったほうがいいと思う？」という感覚です。すると、

「良いか悪いかで聞くなら、はじめから悪い話ではない。相手と自分のプラスの部分で付き合えば、新しい経験と輪が広がるいい話になる」

という答えが多くなります（状況によって、表現はいろいろです）。

これも、もっともなことです。相手がはじめから悪人であったり、はじめから詐欺のような話ではない以上、どんなことでも、私がその話や相手の良い部分を見つめていけば、それが拡大するからです。

ですがそれを聞いたとしても、「それならやろう‼」となる場合と「そうなんだぁ、どうしよう」とさらに迷う場合があるのです。

「やっても悪いことにはならないのに、それでも迷う」とは、それこそサインですよね。

自分の未来予知の感覚は、「それはしないほうがいい」ということを知らせているわけです。このときに、**自分の本音を無視して、無理に気持ちを盛り上げて進んでみると、結局おかしな結果になりやすい**のです。

このようなことを繰り返すうちに、自分の感覚で少しでも「違うな」と感じることはやらなくていい、という結論になりました。

本当に、**「少しでも迷ったらやめていい」**のです。

このときに大事なのは、その「迷い」の種類がどういうものか、ということ。

つまり、前述のような「頭で考えた常識的な理由」で迷っているときはやらなくていいのですが、「やってみたい（↓でも自信がない）」とか「やってみたい（↓でもうまくいくかどうかわからない）」というように、先のことを想像して迷っている場合は、自分の本音の感覚は「やってみたい」ですから、そちらがサインです。

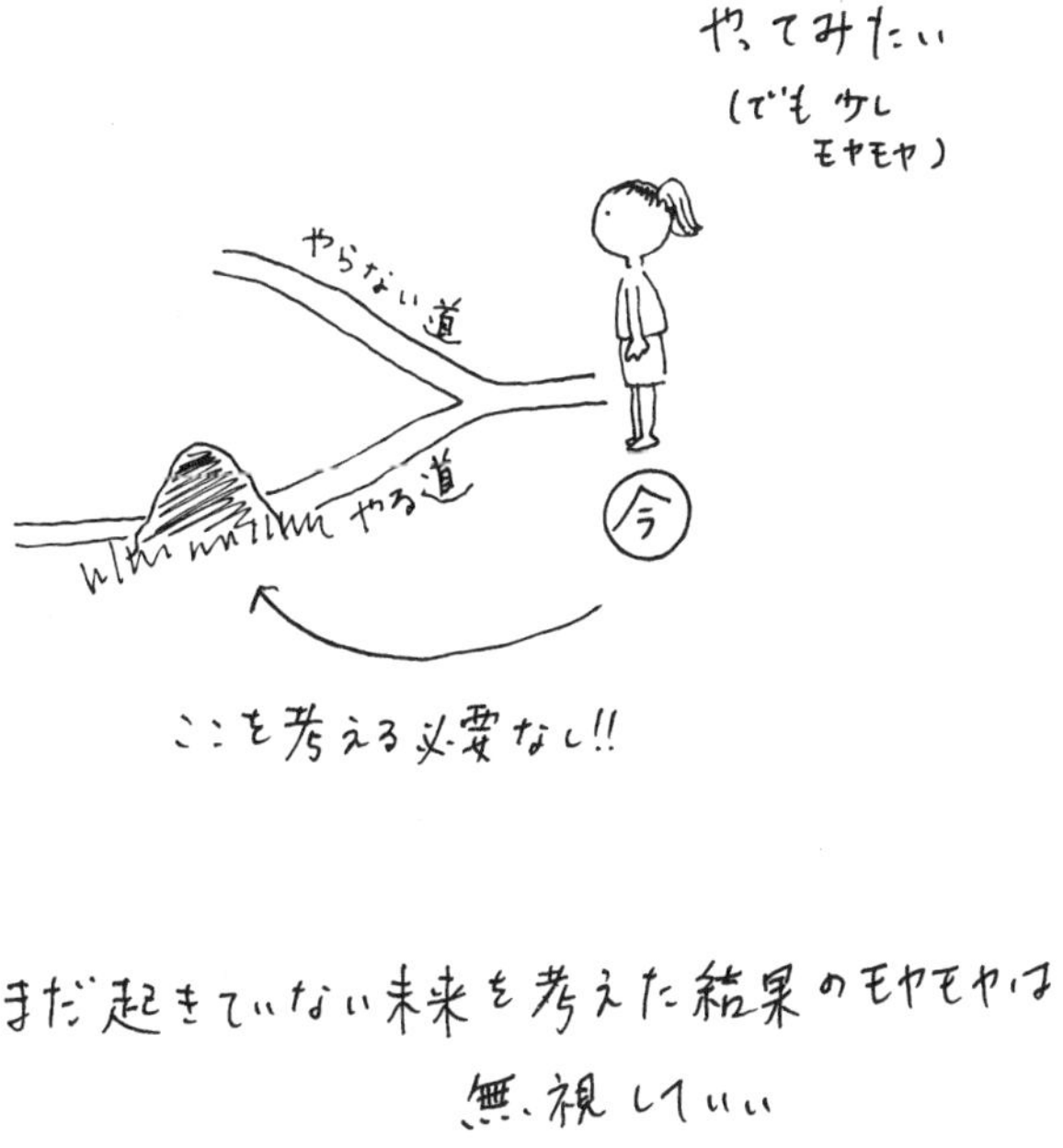
やってみたい
(でも少し
モヤモヤ)
やらない道
やる道
今
ここを考える必要なし!!
まだ起きていない未来を考えた結果のモヤモヤは
無視していい

そして、このKさんからの返答を考えても、これからの時代は、昔で言う「超能力」のようなことを誰もができるようになっていくと思います。Kさんの返答と、私自身の本音の感覚が同じということは、やはりふと感じる本音の感覚というのはサインであることがわかります。

少し話がそれますが、本物の占い師やサイキックのような人たちは、これらの能力が特殊であるような話し方はせず、自分に依存させるようなこともありません。これらの力は本来すべての人にあるものであり、自分の感覚やまわりに起こる現象を観察していれば、誰でもわかるようになることだからです。

これまでの時代は、感覚（心）よりも頭で考えることが優先されていたので、その部分が鈍っていただけなのでしょう。たとえば、人の命に関わるような大きなことの場合には「なんだか嫌な予感がした」というように、それを察知できる人はたくさんいます。同じように、日常のすべてのことに同じ力を発揮できるようになるのです。

これが自分でできるようになると、誰かの考え方に依存したり、特殊能力のある人のところに通いつめるようなこともなくなります。いつも、自分の感覚を基準にすればいいからです。

「そうするべき」ではなく「それをしたいか」で選ぶ

なにかを選ぶときに、とかく「どちらが正しいか」という基準で眺めがちです。「どちらが正しいか」で選んだほうが、きちんとしていてうまくいく気がするからです。

ところが、頭で考える「正しいこと」と、自分の本音の感覚が違うことがありますよね。たとえば、

「これは世間一般的に言えば正しいことだ、正しいことは良いことのはずだ、それなのにどうも気が乗らない」

「自分の尊敬するあの人はAと言っているけれど、どうしても同じようには思えない」

「世間の常識ではこうだけれど、なんだかモヤモヤする」

「これによってたくさんの人が幸せになれるはずなのに、やる気が起こらない」などなど……。

特に「大勢の幸せを考える」という視点で物事を見るのは、愛に根差した素晴らしい選択基準のような気がします（たしかに、自分の利益だけを考えている人に比べたらずっと素晴らしいことです！）。

ですが、たとえ「正しい条件」がそろっていても、最終的には「自分がそれをしたいと思うか」というあなた自身の感覚がサインです。はじめから「これによって世の中が良くなるから」という大勢の幸せを願う気持ちがあって動く場合でも、それより前に「それを考えるとどうしてもワクワクしてしまう」という本人の心の感覚があるのです。

考えてみれば当たり前のことなのですが、意外と「正しさ」や「そうするべき」が最優先になっていて、自分の感覚を無視してしまうことも多いのです。

「これだけ正しい条件がそろっているのに自分の気持ちが乗らない」ということは、そこになにか意味がある……それはあなたがやらなくてもいい、ということです。

もしその事柄が、「宇宙から見たときに本当に正しいこと、多くの人の幸せのためにやるべきこと」だとしたら、そこに心からワクワクする人がそれをすればいい……あなたは、あなた自身がワクワクする方向からそれに向かえばいいのです。

そして、その「正しさ」すら、世間の決めた基準で判断していることがあります。**それがいくら正しいことであっても、「そうするべき、こうあるべき」で選んでも、最終的にあなたがそこにワクワクしていなければ、あなたにとっての幸せにはなりません。**そして、あなたが幸せを感じていなければ、それを通してまわりの人を幸せにすることもできないのです。

夢や望みを実現するためにイメージングをするときも、その夢に本人が心からワクワクしていなければ、どんなにイメージしても実現しにくくなります。

たとえ実現できても、本人がワクワクしていないのですから幸せを感じることができず、また次のなにかを探し始めるなど、永遠に欠乏感が続きます。正しいことをやっているはずなのになぜか苦しい……いつまでも幸せを感じることができないのです。

ノーベル平和賞を受賞したムハマド・ユヌス氏（http://www.muhammadyunus.org）は、バングラデシュの貧しい農村部の人たちに無担保、低利息でお金を貸すという、それまでになかったスタイルの「グラミン銀行」を作りました。お金を借りることなどできなかった農村部の女性が、自分の思いに出資してもらえることで自力でお金を稼いでいく仕組みができ、結果的にたくさんの人を救うことにつながったのです。

ユヌス氏の活動のおかげで「社会起業家」という言葉が広まることになりましたが、ユヌス氏自身は、「この人たちを救いたい」という使命感や「こうすることが正しいから」というエネルギーで動いているのではないそうです。ユヌス氏いわく「そのことを考えると、とにかく楽しくてワクワクしてくる、という嬉しさが動機で動いている」のです。

たとえ話が大きくなりましたが、これは日常のすべてのことに対して同じです。

考えてみると、すべての人が同じことにワクワクするわけではありません。**あなた自身が「ワクワクする、いい感じがする、居心地がいい」と感じることは、あなたにとって「それを選ぶと正解、うまくいく、幸せになれる」というサインなのです。**

自分の本音がわからなくなったときには？

直感のことを意識しすぎると、たまに、どれが自分の本音なのか、どれが頭で考えたことなのかわからなくなるときがあります。

このとき、「どちらのほうがワクワクするか」ではなく、「どちらのほうがモヤモヤしないか」を想像してみるのも効果的です。

私自身よくあることなのですが、すでに進み出していることに対して「これがはじめからなかったとしたら……」と想像した途端、急に心がスッキリとして軽やかになることがあります。

つまり、「なんとか調整しながら進んでいこう」と頑張っていましたが、実ははじめから心は楽しくなく、そのときの条件や頭で考えた理由で選んでいたことがわかるのです。

もちろん、同じ状況でも「これがなくなったら……」と想像した途端、残念に感じたり、心残りを感じたりするときがあります。この場合は、目先のことで不安になったりイライラしたりしているだけで、その物事全体に対しては楽しみな気持ちでいることがわかるのです。

友人の中野裕弓さんが、面白い方法を紹介してくれました（以下、ブログより引用）。

「友人のアランコーエンさんはＹｅｓかＮｏかで迷っている人にコイントスを勧めます。

ルールは簡単。表が出たらＹｅｓ、裏が出たらＮｏです。

コインを上に投げ上げ、手の甲で受けます。

そっとコインを見てみるとコインが表、つまりＹｅｓでした。

これは表か裏かではなく、実はその時のとっさの心の動きを見るのです。

Ｙｅｓを見てざわっとしたり、やったーとウキウキしたり。

瞬時の心の反応で実は何を欲していたかわかるのですね」


自分の本音では実はどうしたいかわかっている……だからこそ、それと同じものが出たときは嬉しいし、望まないものが出たときにはガッカリするのです。

占いなども同じ……その答えを聞いたときに嬉しくなるか、ガッカリするかで、自分の本音（直感）がわかります。

少し話からそれますが、占いで示される未来は、「今のあなたの状態（考え方、意識）のまま進んでいけばこうなりやすい」という可能性がわかるだけで、100％決まっていることではありません。過程も含めてすべてが100％決まっているとしたら、あなたがなにをしても、どんな行動をとっても結果は同じということになってしまいます。もし、その時点での答えがあなたの望まないものだとしたら、そのときから意識の持ち方を変えれば、未来は確実に変わります。

たとえば「うまくいく可能性が90％、うまくいかない可能性が10％」なのだとします。このとき、あなたがうまくいかない10％の部分を見つめて不安を膨らませながら生活すれば、うまくいかない可能性のほうが広がっていきます。

同じように、うまくいく90％にあぐらをかき、それまでとは違うあなたになってしまえば、うまくいく可能性も少なくなるのです。前回言われた未来が、次に聞いたときに微妙に変わっているのはそのためです。

占いは、「それをしたら幸せになる（または不幸になる）」ということを教えてもらうためにあるのではなく、どちらにあなたの気持ち（本音）が向いているかを知るためのバロメーターとして利用すればいいのです。その本音がわかった時点で、さてどうするか……その人の持って生まれた星の流れや暦のタイミングなどを含め、どんな心と言動で過ごしていけばいいかを考えるのが占いの醍醐味だと私は捉えています（占いについての考察は、拙著『占いをどこまで信じていますか？』〈幻冬舎〉を参考にしてください）。

人間関係も本音の感覚で選んでいい
——「苦手」もサイン

ふと感じる感覚がサインだとすれば、人との関わりも本音の感覚で決めていい、ということになります。はっきり言えば、**「好き、ワクワクする、いい感じがする」という人と付き合い、それとは逆の感覚「苦手、モヤモヤする、なんだか違う気がする」と感じる人と無理に付き合う必要はない、**ということです。

人間関係については、「好き嫌いで選ぶ」という言い方に抵抗を感じる人もいるでしょう。私もそうでした。

「苦手と思うのは、自分の度量が小さいからだろう」とか、「合わない人とも交流を深めていかないと、広がりがなくなってしまう」とか、「好き嫌いで選ぶのはわがままかもしれない」など……。

ところが、これも物事を選ぶときと同じ……つまり、**自分の本音の感覚は真実**

を伝えているのです。

「苦手だな」と感じるとき、それは相手が悪いわけでも、あなたが悪いわけでもありません。単に「今は合わない」ということ、お互いのエネルギーや波動など、なにかが合わないだけなのです（事実、あなたが「苦手」と思う人のことを、「好き、面白い」と思う人もいますよね）。

「苦手＝悪いこと」と捉えるから、本音のままに選べなくなるのです。

さらに、「人を選ぶ」ということ自体に抵抗がある人もいるでしょう。

ですが、はじめから合わない人と無理に付き合っていれば、その無理は必ずどこかで噴き出します。もちろん、常に相手のいいところだけを見つめて付き合っていけば、なにかしらの変化は起こりますが、それにはたくさんのエネルギーが必要になり、はじめからわざわざそれを選ばなくていい……つまり**「人を選ぶ」というのは、先に進んでから後戻りするよりも、お互いにとっていい結果になるのが自然なこと**なのです。

そして当然のことながら、苦手だからといって、相手を拒絶したり無視したりするわけではありません。

あなたが感じている違和感は、実は相手も感じているはずなのです。

たとえば、物事を損得勘定で判断する人と、違う基準で判断する人が話をしたら（または、同じように損得勘定で判断していても、その強さにずれがあったら）、お互いに違和感があるに決まっています。同じようなことを同じような言葉で話していても、根底のエネルギーの質が違うので、それがなんとなく雰囲気に出てくる……その違いをお互いに感じ取るからです。

ですからこちらが離れれば、その違和感を察知している相手も自然に離れていく……、それを頭で考えて「それはいけないことなのではないか」と無理に合わせていくから、途中でおかしなことが起こるのです。

そしてこの場合、「損得勘定で物事を判断する人が悪い人」ということでもありません。その人は、その感覚で成り立つ世界に生きているのですから、単に「あなたとは合わない」というだけのことで、それを批判する必要もありません。

会ってすぐに意気投合する人がいるように、その逆の人もいて当たり前……それは当然、どちらかが悪いわけではないのです。

たとえば物を購入するとき、「これは好きではない」と思うものをお金を出して買う人はいません。誰でも自分の好きな気に入ったものを買うのです。このとき、「好きじゃない」と思う物が悪いわけではなく、単に、あなたの好みの問題……これと同じです。

当然のことながら、苦手と感じる人といつまでも一緒にいると、運気が下がります。会うたびに「苦手だな、なんだか違うな」というエネルギーを感じ続けるのですから、それが拡大するのです。


運のいい人や物事がうまく進む人は、人間関係の付き合いが本当にスマートです。その人たちに共通していることは、自分の本音に正直であるということ……つまり、「苦手、なんだか違う、居心地が悪い」という感覚に素直であり、そう感じる人とは上手に距離をとっている（深追いしない）のです。

また、もっとはっきりと「自分は好きじゃない人とは会わないようにしている」というような言い方をしている人もいます。それが社会で目立つ活躍をしている人の場合だと、「それはあなただから成り立つんだ」という感想を持たれがちですが、誰でもスタートでは感じていることなのです。

苦手と感じる雰囲気の場にいつまでも浸っていれば、お互いの運気は下がり、流れも悪くなる……その経験を繰り返したからこそ、確信を持って言えるのです。

「苦手」という感覚も、サインなのです。

「たった今」の感じ方がサイン
——過去は関係ない

以前は「なんだか違う、苦手」と思っていた人と数年ぶりに会ってみたら、「以前よりも合う気がする」と感じることがありますよね。それは、お互いのなにかが変化して、今は合う状態になった（＝今なら大丈夫、というサイン）ということです。

いつも「今このとき」の感覚で付き合うようになると、とても楽になります。

まわりの評価や、相手の過去の実績や経歴なども関係なくなります。

たとえば、過去にとても評判が悪かった人がいるとします。

実際に評判を落とすようなことが事実としてあったとしても、今のあなたがその人になにも違和感がなく、「いい!」と感じれば、それがサインです。

よくあることですが、その事実を知らなかったときは「とてもいい」と思っていたのに、それを知ってしまったら急に相手のことを同じように思えなくなった、ということがあります。これは、今の自分の感覚を無視して、過去の事実への先入観だけで相手を眺め始めたからです。相手に起きたそのことに「悪いこと」というレッテルを貼っている、自分自身の捉え方です。もしかしたら、それがあったからこそ、その人は今の自分が「いい!」と感じる状態に変化したのかもしれないのに……。

逆のこともあります。実績も経歴も言っていることも素晴らしいのに、妙に違和感がある、心がザワザワする……すると後になってから「やっぱり!」と納得するようなことが起こってしまうときです。それが世間的には大きな事件でなくても、あなたにとっては致命的に思えるようなことかもしれません。

つまり、**これまでのことがどうであろうと、今あなたの感じている感覚だけがあなたにとってのサインであり、それを信頼すればいいのです。**

人に対する感覚や感想は、本当に人によって様々です。

Aさんにとっては嫌な人でも、私にとってはそうではない、ということがたくさんあります（もちろん逆もあるでしょう）。

自分ではない他人の感覚は他人のものです。他人の感覚を基準にして判断すれば、そうではなかったときに相手のせいにしたくなるでしょう。

また、誰が見ても「いい人」という人が、あなたと合うかどうかはまた別の問題です。つまり、人の感覚は関係なく、いつでも、あなた自身が直に接したときに感じること、それがあなたにとってのサインなのです。

現代ではあらゆることにたくさんの情報があり、たとえばインターネットを開けば、ひとつのことに対して様々な意見が交錯しています。１００人の人が良い

（悪い）と思っていても、あなたにとっては違うかもしれません。

たとえば、マスコミをはじめ、世間が高く評価しているレストランで食事をしたとき、他のお店の味とそれほど変わらないのに「おいしい」と感じてしまうことがあります。

つい先日もありました。ある場所で新しくオープンしたお店……そこは、近くにある大繁盛店の人気にあやかろうとしていることが、すぐにわかるものでした。店の内装はおざなりで、サービスの質も低く、出てくるものも「この価格でこの味？」と首をかしげたくなるようなものでした（あくまで、私の個人的な感想です）。

ところが、テレビで「今注目のお店」と流れているために、そこにいたお客さまのほとんどが「おいしいね」と言い合っていました。

お店を出てから「本当においしいと思った？」と友人に聞いてみると、「まったく……。でも値段が高いからもったいなくて残せなかった」と話していました（同じ店内にいた外国人観光客のほとんどは残していたことが印象的でした）。

まわりの情報を基準にしていると、いつの間にかそれが自分の感覚だと思い込み、ひどいときなど、それと同じように思えない自分を恥じることまであります。

もし、マスコミが批判し始めたら、急にそれをおいしく思わなくなるのかもしれません。

これを繰り返していると、自分にとって本当にワクワクすること（＝幸せになること）、本当に会いたい人（＝幸せを感じられる人）がわからなくなってしまうのです。

余計な知識は必要ない
――知識より、知恵と直感が大切な時代

どんなことに対しても、そのときに自分が思ったこと、感じたことがサインになるので、事前情報や知識はあまり必要ないことになります。

たとえば人に対して。事前にその人の評判や印象を聞いていると、当然のことながら相手を「そういう目」で眺めるようになります。「そういう目」で眺めれば必ずそう見える……これは良い意味でも悪い意味でも同じです。良い意味の事

前情報なら耳に入っていいような気もしますが、それもやはり自分の本音の感じ方に影響を与えるでしょう。

たとえば、私が事前知識のまったくない状態である絵を見たとき、その絵になにかを感じたとします。ところが後から解説を読むと、「どう考えてもこの解説と同じようには思えない」ということがあります。時代背景や作家の状況を説明しているだけならまだしも、評論家的なその人の意見が入っている場合はなおさらです。

人が感じることに、正しいも間違っているもありません。もしまわりの100人が同じように感じたとしても、あなたが違うように感じれば、あなたにとってはそれが真実として映っているのです。

あなたがそれを「好き」と感じるのは、今のあなたがそのモノや人のエネルギーと合っている、ということです。

たとえば、同じ本を時間が経ってから読んだとき、以前はそんな箇所があったかどうかも覚えていない部分に感動したり、まったく違うことを感じたりするものです。

これは人との出会いも同じでしょう。

以前、私があることに落ち込み、その暗いエネルギーから、いつもの私だったらあり得ないようなマイナスのことばかりを考えていたときは、それまでまわりにはいなかったような人ばかりと出会ってしまうことがありました。明らかに胡散臭そうな勧誘に声をかけられたり、出会ったこともないようなタイプの男性に道端でお茶に誘われたり……恐らく、あのときの私のエネルギーと同じものを引き寄せていたのだと思います。相手から見ても、いつもの私ではなく、その「落ちていた私」と引き合ったのでしょう。

どちらが「良い、悪い」ではなく、数あるモノや人の中からあなたと合っているものに魅かれる……ということは、**あなたが無条件に「ワクワクする、モヤモヤする」と感じることには意味があるのです。**

特に目に見えない種類の事柄は、それについての知識の有無には関係なく、素直な人ほど感じる力が強まります。素直というのは、自分の感覚にまっすぐであるということ……余計な知識で判断をしたり評価をつけたりせずに、起きていることをそのまま捉えることです。

たとえば「サイン」について言えば、素直な人は、面白い偶然の一致が起こったときに「面白そう」という感覚だけでそれに進んでみることができますが、素直ではない人は、そこに様々な理由をつけているうちにはじめの気持ちがしぼんでしまうでしょう。

後者の人も、はじめはそれを感じているのです。「あれ？ これはなんだろう？」と反応はしている……ですが、それを感じるのは一瞬なので、頭で考えたことが邪魔をして、そう感じたことなど忘れてしまうのです。

子どもがなにかを選ぶときには、そのときの感覚のままで選んでいます。事前情報に左右されるわけでもないし、「こっちを選んだらこうなるかもしれない」というような複雑なことを考えているわけではありません。それが成長するにつれてだんだんとできなくなっていくのは、余計な知識や常識が入ってきて頭で考え始めるからです。

直感をはじめとする「サイン」は、理屈や知識を超えたところからやってきます。知識や常識の枠の外で思いつくからこそ、それが後から「ひらめき」になり、同時に、「どうしてそんなことを思ったのだろう」とか「根拠がないから行動できない」と感じやすいのです。

つまり、日頃からできるだけ頭をからっぽにしておく必要があります。特に、はじめて経験すること、訪れる場所、出会う人などに対しては、変に事前に勉強する必要はなく、そのままの状態で味わってみる……すると誰でも「ふと思うこと」があるはずなのです。それが「当たっている、間違っている」ということはなく、あなたがそう感じたことに意味がある、ということです。

100%に近いものが来るまで、流していい

あなたが夢や望みを考えてそれを意識し始めれば、それと同じようなものは必

ず引き寄せられてきます。

ですがそれらの中には、「かなり近いけれど、惜しい」とか「だいたい合っているけれど、この部分には少し違和感がある」というように、「近いけれど違うもの＝似て非なるもの」の場合も多いのです。

意識の強さは、常に一定ではありません。夢や望みのことを強く思っていても、ぶれたり、揺らいだり、いつも明確なわけではないのです。そのぶれと同じ分だけ、あらゆる種類（次元）のものを引き寄せるのでしょう。このときがまさに「おためし」であり、自分の感覚をどこまで信頼できるかです。


Hさんは、新しい仕事の分野で挑戦しようと思っていることがありました。人から言われてその気になったことがきっかけなので、それほど強い思いではなく、ぼんやりとそれを意識していた……それだけでも、それに関係あることを日常生活で引き寄せ始めました。

はじめは、パッとつけたテレビや本などにその話が紹介されていたり、関係ある話をたまたま人から聞くことが重なったりするなど、比較的小さな、日常生活にまぎれながらやって来るものがほとんどでした。

次に、その分野に直接関係ある人と知り合うようになりました。意図したことではなく、新しく知り合った人がたまたまその世界のエキスパートだったのです。「ついに関係のある人を引き寄せた!」とはじめは興奮したそうですが、なぜか、それ以上は気持ちが盛り上がりませんでした。その世界ではとても有名な人だとわかっても、自分の思いや状況を話してみる気にはならなかったのです。

迷いがあるうちはやめよう、と決めた1ヶ月後、再びその世界の別の人と知り合いました。今度は初対面で「なんだかいいな」と感じた……すると、それからわずか1ヶ月後、その人から思いもかけない依頼をされ、あっという間に仕事の話に発展しました。それはまさにHさんが挑戦しようと思っていたことにぴったりの話であり、むしろHさんが考えていたより大きな内容の話だったのです（常識で考えれば、その世界で素人であるHさんにその話を依頼すること自体、あまり考えられないことでした）。

Hさんがはじめに知り合った人のほうがその世界では大物なので、人によってはそちらのほうにワクワクを感じる場合もあるでしょう。でもHさんの場合は、

「近いけれど、なんだか違う」と感じていた……あのときに本音を無視して飛びつけば、はじめの違和感の分だけ、違和感のある展開になったかもしれません。

似たような別の話です。

Eさんは、自分の趣味としてあることを習いたいと思い、自分に合う先生を探していました。すると引き寄せの法則が働き、久しぶりに会った友人が以前からそのお稽古をしていたことがわかり、その先生を紹介してくれることになりました。

ところが、約束をしても別の予定と重なってしまったり、お互いに日にちを勘違いしてしまったり、どうもタイミングが合いません。また、お稽古場所になる先生のご自宅が、Eさんの家からはとても遠かったため、「タイミングはいいのだけど、いまいち……」と、気持ちが100%にはなれなかったのです。

気持ちが乗らないときは即決しないで流れにまかせる、ということを実践して数ヶ月後、思わぬ人から別の先生を紹介されました（この先生を紹介してくれた人が、本当に思わぬ人……その人からその分野の話が出てくるとは想像もできなかった意外な人でした)。

その先生に連絡してみると、今度はスムーズに会うことができた……そして、初対面で意気投合してしまいます。先生と生徒という関係を超えて、長い友人となれる珍しい出会いとなったのです。しかも、この先生のご自宅はEさんの家のすぐ近く、「本当はこのエリアだったら通いやすいのだけど……」と思っていた絶好の場所にお住まいだったといいます。

チャンスは何回でも来る
――安心して待つこと

自分がなにかを意識し始め、それに関係あることを引き寄せ始めたとしても、それらにあなたの心が反応しないときは、流してしまっていい……**「100%の状態が来るまで待っていい」**ということです。

この100%は、条件的な意味ではありません。あなた自身の気持ちです。

たとえば、条件的には理想の半分くらいしか満たしていなくても、どうしてもそれをやってみたい、という気持ちになるときもある……そのときは進んでいいのです。

条件を100％満たしているかではなく、気持ちが100％に満たされているかどうかで選ぶのです。

違和感があるのに、「似ている話」に飛びつきそうになるのは、「これを逃したらもうチャンスは来ないかもしれない」と思うからです。

これが最後かもしれないと思うから、「逃してはまずい」という頭が働いて進んでしまう……私の経験上、それへの思いが消えない限り、チャンスは何回でもやってきます。

ですから、やってきた状況に無理に自分を合わせる必要はなく、少しでも違うと思ったら流していい、安心して待っていていいのです。ここでも、本音の感覚がサインだということです。

「待つ」というのは一見消極的であり、楽なことのようにも感じますが、実は消極的でも楽なことでもありません。「待つ」というのは、「それが本当に来る」と、宇宙の流れを信頼しているからできることであり、確固とした精神力が必要だからです。

そして、現実的にもそれほど楽なことではありません。やるべきことが目の前にあるほうが、よっぽど楽で簡単です。そこに向かって着々と進んでいるような気持ちになれるからです。

よく、すぐに結果のわからないものや、「自分にできることはすべてやった、あとは神様にお願いするしかない」というようなとき、「待てばいいとはわかっていても、本当にそうなるか不安で待てない」という状況があると思います。ですが、あなたがそれを諦めない限り（＝そこから気持ちが離れてしまわない限り）、それと同じ質のものは必ず引き寄せられてきます。

もし、「半年後にそうなる」ということが決まっているとしたら、安心して待つことができますよね。「数ヶ月後に必ずそうなる」と決まっている予定に対しては、「それが本当にそうなるだろうか」と心配することはありません。

それと同じような気持ちで、

「今の状態は一時的なもの、期限つきのもの、時期が来ればいずれそうなる」

と信頼することなのです。

このときも、サインとなるのは自分自身の感覚です。

本当は、もうそれに対して気持ちがなくなっているのに後にひけなくなっている場合や、そのことを考えると苦しく、実は離れたほうが気持ちはスッキリする、というような「執着」ではなく、**今でもそれを思うと無条件にワクワクするのであれば、待っていていい、というサイン**なのです。

モヤモヤすることは考えなくていい理由
——パラレルワールドの存在

前述のように、「今の状態は一時的なもの」と考えて心を切り替えられる場合はいいですが、それでもモヤモヤ感が続く場合はあると思います。その感覚は、いくら明るく考えようとしてもぬぐえないものでしょう。

こういうとき、実はこの「モヤモヤする」という感覚こそ、どうすればいいかのサイン……つまり、

「今はそれについて深く考えなくていい」

ということなのです。

モヤモヤしたことを考え続けて答えが出ることは、まずありません。時間をかけても、心を整理しようと思っても、そのモヤモヤが拡大するだけなのです。

「パラレルワールド」という言葉を聞いたことはありますか?

これは言葉の通り、「並行している世界」のこと、つまり「今ある目の前の現実と並行して同時に存在する別の世界」のことを指します。

自分のまわりには、(別次元のために見えないけれど)別の状況を生きている別の自分の世界が無数にある、というものです。

パラレルワールド

それぞれまったく違う環境の私

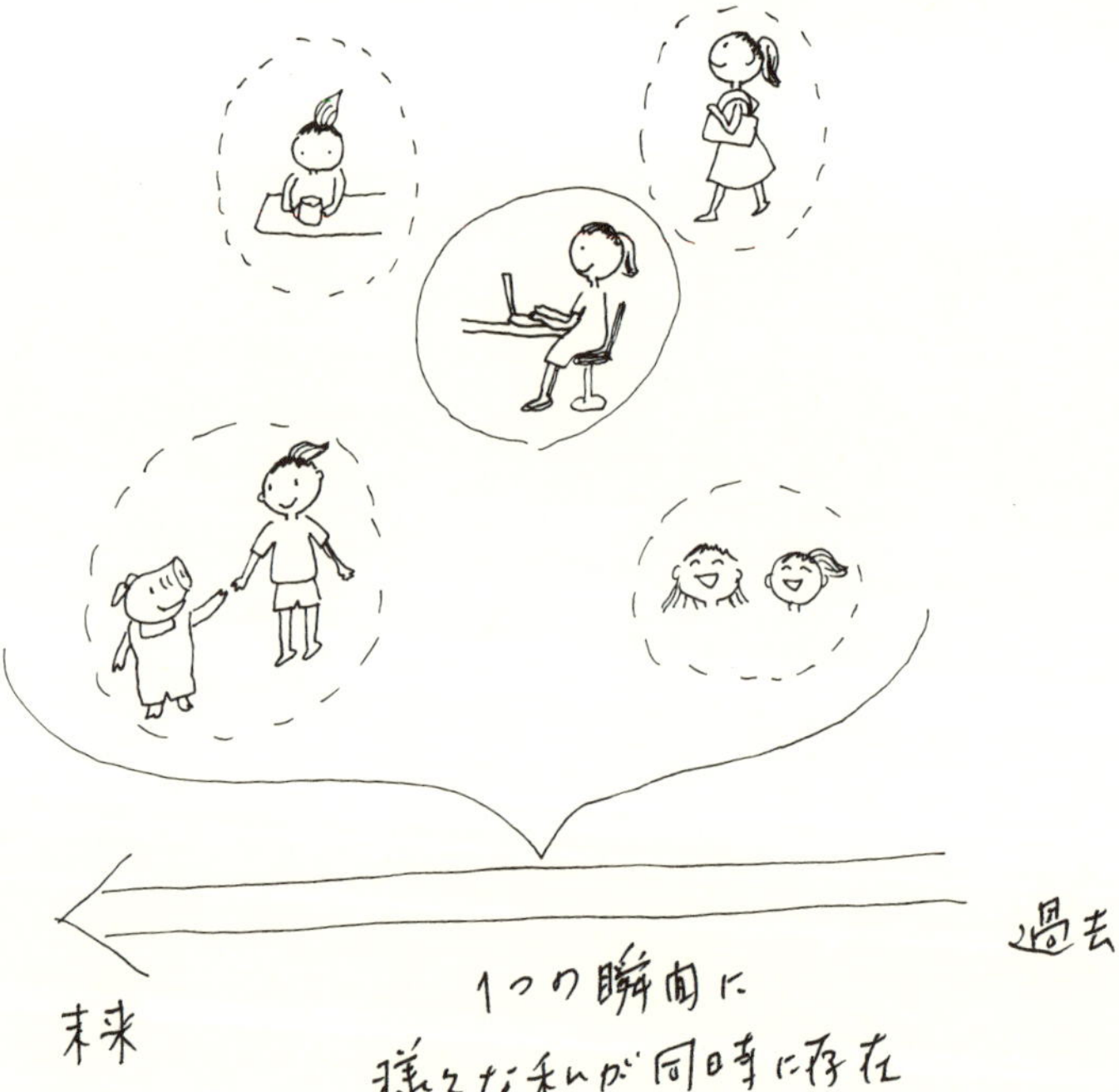

1つの瞬間に
様々な私が同時に存在

映画『マトリックス』でも表現されていましたが、「この世はパラレルワールドであって、別次元に別の現在（未来）が同時に存在している」と言われても、私自身、いまいちその感覚がわかりませんでした。頭では理解できそうなのですが、実感として腑に落ちなかったのです。ところが、「モヤモヤする」ということを追求していった結果、その感覚がわかったときがありました。

私が、あることについてモヤモヤした気持ちを抱えていたときのことです。

それは自分の努力ではどうすることもできないことであり、まさに「もうできることはすべてやった」という状態のものでした。「できることはなにもないのだから考えなくていい」とはわかっていても、寝ても覚めてもそれを考えてしまい、忘れることが容易にはできなかったのです。

そんなとき、旅先で「カード（のようなもの）」をひいてみると、そこに「最終的にすべてうまくいく、なにも心配はいらない」ということが書いてありました。

これくらいでは、ただの偶然、と思いがちです。ですがそれから数日のあいだに、それがうまくいくのを暗示するような偶然の一致が次々と起こりました。近くでそれを見ていた友達も、「どうしてそんなにわかりやすいサインが来るの？」と半分あきれていたほど、ピッタリの事柄が続いたのです。

それらの現象を見たとき、私の気持ちは急に穏やかになりました。まるで、宇宙や神様のようなものが、私の気持ちが落ち着くまで何回でもサインを見せてくれているように感じたのです。

するとその日の夜、面白い夢を見ました。私が心配していたその事柄が順調に進んでいる、ということがはっきりとわかる内容の夢でした。目が覚めたときの私自身の感覚は、「きちんと守られているから大丈夫だ」という強い安心感につつまれ、すべてに対して感謝をしたくなるような穏やかな気持ちに変わっていました。数日前までのモヤモヤしていた期間は、そんな夢を一度も見なかったのに……。これを経験したとき、「人は、そのときの気持ちの質、波動、エネルギーの状態によって違う世界を選んでいる」というパラレルワールドの仕組みを実感したのです。

つまり、それまでのモヤモヤした状態の自分であれば、数ある世界の中から、そのモヤモヤに続く世界を選ぶので、モヤモヤに沿った現実を体験することになるのです。すると当然、モヤモヤに沿った未来が展開されていきます。

逆に穏やかなエネルギーの自分になれば、そこから展開する現実を体験していくことになるのです。

穏やかな状態になったとき、そこで感じる安心感が50％であれば、その50％の安心感にふさわしい未来が展開され、100％ならそれに沿う未来になる……それぞれのエネルギーに応じたあらゆる状況の世界が数多く同時に存在していて、それを選んでいるのは自分なのです。

また、「意識が変わると、違う世界へシフトする」という感覚もわかります。

これまではAという未来を歩んでいたものが、Bという意識になった途端に未来が入れ替わるのです。つまり、**「意識が変われば一瞬で未来は変わる」**ということです。

これまで私が書いてきた、「自分の心の質と同じものを引き寄せる」という言い方も、表現を変えれば、**「数あるパラレルワールドの世界から、それと同調したものを見る」**ということだったのです。

たくさんの選択肢から
自分の☆と同じ未来へ進む

どこへ進むのも自分次第
のパラレルワールド

ちょっと前までの🌀だったら、
🌀の未来へ進む
気持ちのエネルギーが変われば
未来も一瞬で変わる

あの夢を見たときから、私はそれまで心配していた事柄について考えるのをやめました。そして今、それが夢で見たとおりの結果になって収まったことを思うと、「モヤモヤすることは考えなくていい」ということに自信が持てます。

あのとき、考えないほうを選んだ途端に私の気持ちは楽になりました……つまり、気持ちが楽なほうへ考えていっていい、ということなのです。

考えるのを放棄するのはよくないことに感じますが、その時点で無理に答えを出して決着をつけようとする必要もないし、頑張ってどちらかに決める必要もない……考えて憂鬱になることを深追いしなくていいのです。

モヤモヤすることはしなくていい、考えなくていい、と知ったとき、「そんな楽なことで本当にいいの？」と思います。「楽なことはいけない、たるんでいる」というような長年の教育が、いつのまにか染みついているからでしょう。

もちろん、面倒だから楽なほうを選ぶということではなく、**もっと気持ちのままに選んでいい、**ということです。苦しみに挑戦することにワクワクする、という人もいることでしょう。

どちらを選んだほうが、あなたにとってその物事がうまく進むか……その方向を、サインはいつも見せてくれているように感じます。

エネルギーを満タンにする

モヤモヤしているとうまくいかない……これは、実は誰でも経験していることだと思います。

たとえば、なにかをするときに、気が進まない部分から手をつけると全体のやる気もそがれます。家事をするとき、掃除やお料理やお買い物、アイロンがけや洗濯やその他家族の雑事の中から、あなたがそのときに気が乗ることや、もともと得意な作業から始めると、その勢いで他の家事もこなすことができますが、逆から手をつけるとすべてが面倒な気持ちになります。

本を書くときでも、一番気持ちが乗るところから書き始めると、それに続く文章が芋づる式に出てきますが、これは、好きなことをしていたときのワクワクした気持ちの波動が、他の部分に伝播するからでしょう。面白くなさそうなところ（きのうまでの分で、いまいち気に入っていないところ）から手をつけてそこをなんとかしようとするところから始めると、なかなか気持ちが乗りません。

モヤッとしたものから
始めると、
そのモヤッは拡大

楽しいエネルギーにしてから始めると、
そのエネルギーのまま とりかかれる。
同じ作業でも別物に感じる。

そう考えると、あなたの好きなことから始めるのは逃げではなく、むしろ全体をうまくいかせる方法なのです。

原稿を書くときに、この効果を意識的に利用することがあります。たとえば、3ヶ月後に原稿を仕上げなければいけないとき、はじめの1ヶ月は自分の心を楽しいエネルギーでいっぱいにすることに集中します。

美しいものを見たり、好きな音楽や香りを楽しんだり、おいしいものを味わうなど、五感を刺激します。時間がなくて後回しになっていたやりたいことを優先したり、気が向くところに気楽に出かけてみたりもします。

自然に浸ったり、散歩をするのも効果的です。お風呂に入ったときや、ベッドにのびのびと体を伸ばすとき、体のすべてが緩んで「気持ちいい〜」と感じることがありますが、そのような「気持ちいい」という体感になることを意識的に取り入れるのです。それには、いつもより睡眠をたっぷりとるとか、瞑想をする、ということも含まれるかもしれません。あくまで、そのときの自分が反応することでいいのです。

また、大笑いできる友達や、いい気持ちになる人と会い、そうではない人とは一時的に距離を置くなど、自分の環境をきちんと選び、居心地の良い状態になるように工夫をします。

つまり、**いつもより自分の本音に正直になり、いつもより少し自分のことを大切に丁寧に扱ってあげるようにする、**ということです（これを、私の仲間は『自分をもてなす』という言い方をしています）。

これは、好きなことだけをして暮らす、ということではありません。

小さなことにプラス思考をしたり、まわりのあらゆることに温かい気持ちを持ったり、感謝をしたりするなど、「心の持ち方に気をつける」という作業も含みます。また、掃除をしたり、違和感がありながらもそのままになっていたことを整理するなど、気になっていたことを整理する作業も含みます。

すべてにおいて、自分の心がいい状態になることを基準にして徹底的に幸せな感覚を味わう……この状態をしばらく続けていると、突然文章が出てくるようになるのです。そして、その気持ちの延長で、ずっと楽しい状態で書き続けることができるのです。

エネルギーが盛り上がっているところを
つまんで書く
この状態が長～く続くようになる

以前、ある本を書いていたときに、気持ちが乗り始めてからすぐにその波が引いてしまい、いつものように書けなくなったときがありました。

他のことで心を満たしても、いっこうに気持ちが戻ってこないのです。仕上げる期日が迫り、どんどん不安になってきました。ためしに机に向かってみても違和感があり、面白くなくてモヤモヤするのです。これまで楽しかった「文章を書く」ということにモヤモヤを感じている、ということ自体に不安を覚えました。

ですが、「そうだ、モヤモヤはサインだった」と思い出し、真剣にそこから離れることにしました。本当に気が向くままに動き、休みたいときに休み、そのとき一番気が向く執筆以外の仕事から進めることにしました。楽しいこと、癒しを感じること、面白いことを意識的に選んだのです。

すると、そのまま2ヶ月近く過ごしたときに出かけた旅先で面白いことが起こり、それがきっかけで急に本が書きたくなったのです。まさか、その旅行がそんなことになるとは思ってもいなかった……そのために、予定していた本の内容を大幅に変更しました。まるで、その出来事を次の本に書くべく、待たされていたかのようでした。このとき、モヤモヤして気持ちが乗らないときは、そこから進めなくていい、ということを再確認したのです。

原稿から離れて楽しいことに集中していることに罪悪感があったこともありましたが、その本に必要な状態に調整されている時間であり、必要な時間だった……実は一番執筆に近づく動きをしていたのだと思います。


気持ちが沈んでいる状態のときに電話をすると、声の明るさはいつもと同じでもなんとなく相手にわかってしまうことがあります。

メールでも、適当に返信したときと、心をこめて返信をしたときでは、相手がそれを読んだときに受ける印象は変わります（その文章の上手下手ではなく、全体からなんとなく伝わるものです）。絵でも本でも音楽でも、そのときの波動がなんとなくその作品にこめられているのです。

ですから、モヤモヤしているときにはなにもしないほうがいい、モヤモヤしているときに大事な決断をしないほうがいい、とされるのも、本人の判断力がぶれるから、というだけの理由ではなく、**相手にそれが伝わったり、モヤモヤの波動がこめられたものになってしまうから**だと思います。

心配なことほど、笑っていていい理由

先に書いたパラレルワールドのように、あなたの心がモヤモヤしていると（またはワクワクしていると）、それに沿った世界を選び、それに沿った未来を進んでいきます。

それを痛感するのが、「笑いの力」です。

私の友人に、会えば必ず爆笑することになる「本当に面白い人」という人が何人かいます。彼女たちと話して大笑いをして帰ってきた日は、夜遅くても、そのまま仕事をしてしまうくらいにエネルギーが充電されています。

これは誰でも経験していることでしょう。

あるとき、その大笑いできるメンバー5人で旅行に出かけました。旅の間じゅう、毎日笑いの連続で、お腹がよじれるほど、腹筋が鍛えられるほどよく笑いました。その楽しい波動で数日を過ごして自宅に戻ってみると、旅行前にちょっと

気になっていたことが、私の希望する方向へ解決していたのです。

実は、これに似たようなことは何回もありました。笑っているあいだに解決していた……これは、笑っていたあいだに心配をするエネルギーがなくなったため、その物事の足を引っ張らなくなったからでしょう。「その笑いの波動にふさわしい状態のほうへ物事を動かした」とも言えます（これはもちろん、今の自分に具体的に行動に移せることがなにもない場合、ただ待っているしかできない、という状況の場合です）。


笑っている瞬間というのは、完璧に「今そのとき」に集中しています。笑いながら憂鬱なことを考えていることは、まずありません。

笑えば笑うほど、心配するというエネルギーはなくなり、それをいいほうへ動かすエネルギーがたまっていくのです。

この方法を実感したときも、はじめのうちは「そんなに気楽なことでいいの?」と思っていました。今回はたまたまそうなっただけ、と思い、答えが出なくてもきちんと考えて見つめなければいけないような気がするのです。

ですが、実は逆……心配なことほど、その心配のエネルギーを増やさないために、日々を明るく過ごしていていいのです。

笑っているあいだは、
心配、不安のエネルギーが
止まる
これができるだけ長く
続けばいい

車を運転して目的地を目指すとき、途中でどんな渋滞に巻き込まれたとしても、途中で寄り道をしても、最後は必ず目的地にたどり着きます（到着しないのは、唯一、運転するのをやめたときだけです）。

このとき、心配する、というのは、ブレーキを踏んでいるようなものです。そこに到着したいのに、ブレーキを踏むたびに速度が遅くなって時間がかかります。心配する、ということをなくせば、時間は早まるのです。

そして、後戻りしていることもありません。どんなに時間がかかっているように感じても、自分の意思でUターンしない限り、ノロノロでも確実に物事は動いているのです。

第2章まとめ

すべてのことにおいて、あなたが「ふと感じること」というのはサインです。そのサインのとおりに進んでいくと、はじめはそう感じた理由がわからなくても、それが真実を伝えていたことがわかるはずです。

サインの内容は、すべての人に共通するものではありません。他の多くの人がAと言ってもあなたの場合は当てはまらない、ということがあるように、サインはあなた自身が感じるものです。人に対しての感覚も同じ……**「苦手」と感じるのは悪いことではなく、お互いにとって必要なサインなのです。**

気持ちがモヤモヤすることは選ばなくていい、モヤモヤすることを考え続けなくていいのです。「考えなくていい」と言うと逃げているように感じたり、楽をしているように思えたりします。「楽＝ずるい、たるんでいる」という感覚が強い日本人にとっては、そこに罪悪感を持ってしまう人も多いのでしょう。

ですが、あなたの心の感覚は、すべてにとってのサインになっている……**今、そこにモヤモヤするのであれば、別の方向から進んでいいよ、ということ**なのです。

■進んでいいとき

・それを考えるとワクワクする、楽しく思える。
・強いワクワク感はなくても、なんだか「いい気」がする。
・人に反対されても、「やってみたい」と思う。
・思っていたこと、イメージしていたこととは違っても、心が魅かれる。
・そのことが、頭から離れない。
・経過がスムーズで、どこにも違和感がない。
・ワクワクするけれど、うまくいくかどうかはわからない（未来の心配は必要ない）。

↓など、**どんな状況でも本音で「やってみたい」と感じるとき。**

■待ったほうがいいとき、進まなくていいとき

・理由はわからないけれど、モヤモヤする、楽しくない。
・人に勧められても、条件がよくても、その気になれない。
・「いいこと」かもしれないけれど、「やってみたい」と思えない。
・ワクワクしないのに、頭で考えた理由で進もうとしている。
「やったほうが得かもしれない」という欲で選ぶ。
「簡単だから、時間があるからやってしまおう」という能力や時間で選ぶ。
人との付き合いや義理で選ぶ。
「正しいことはやるべき」という世間の基準や正義感で選ぶ。
・経過はスムーズだけれど、なぜか違和感がある。
・理想には近いけれど「やはりここが気になる」という部分がはじめからある。
↓など、**どんな条件でも本音で「やりたくない」という気持ちが勝っているとき。**
「やらないほうが気持ちはスッキリ」というとき。

これからの時代は人々の感じる力が鋭くなっていくので、気が進まないことをやっているときにそこから受ける影響も強くなります。いいものはさらに良く、悪いものはさらに悪く、というように加速するのです。

そして、ひとつひとつのスピードが速くなるので結果も早く出る……自分の本音の感覚で選んでいないときのダメージも、すぐに結果が出てきます。

第3章

これからの時代に起こること
——枠を外し、あなたに合うやり方で進めばいい

この章は、「これからの時代は」という表現が多く出てきます。ひとりひとりが自分の本音で生き始めたら、「こういうことが起こるのではないか」という私の勝手な仮説や希望も含んでいます。

人それぞれでいい時代
──「それもあり?」が認められている

これからの時代は、それぞれの人の「感じる力」が高まっていくので、あらゆることにおいて「人それぞれでいい」という多様性が目立つようになると思います。そして時代も、その新しい生き方や考え方を、「それもありなのではないか?」とだんだんと認める傾向になっているのです。

まわりを眺めてみても、あらゆることに、これまでにはなかった新しいスタイルが出てきています。

たとえば、就職（仕事）について。たった数年で、これまでなかったような新しい職種が出てきたり、働く場所や方法にも制限がなくなったりしています。「これは男性の仕事、女性の仕事」という区分もだいぶ少なくなりました。

結婚や出産についても、男女の同棲が「よくあること」になったり、「できちゃった婚」が「さずかり婚」として認められるようになったり、主婦もいれば主夫も出てきています。

教育についても、「この学校を卒業すれば間違いない」という固定概念は通用しなくなり、知名度に関係なくユニークな教育プログラムを取り入れている学校が注目されていたり、インターナショナルスクールという選択肢が出てきたり、社会人になってから専門学校に通う人もいれば、あえて契約社員という形を選ぶ人もいる……それを採用する企業側の基準も変わってきています。

暮らしのスタイルを見ても、たとえば都会に住んでいた人が突然農業を始めたり、自給自足の暮らしをする人が出てきたり、老後を海外で暮らす形が出てきたり……恐らく、私の知らない新しい生活スタイルがたくさんあることでしょう。

あらゆることにおいて、「それもいいのではないか？」と思える新しいやり方が出てきているのです。

実は、今「新しい」と感じるスタイルは、今までにもあったことです。ですが、それが当時の世間や常識からすると、「少数だから受け入れられない」「変わっている人たちだけのもの」となっていたために、とりあげられていなかっただけ……前からその形を選んでいた人にとっては、「今頃、話題になっている」という感覚でしょう。

たとえば、昔から「主夫」はいましたが、当時の世間の常識から考えると、その形をとっているカップルは女性も男性も小さくなっているしかありませんでした。または、様々な状況下で「やむなくそれを選んでいる」と思われることもあったかもしれません。それが今では、「協力的な男性」とか「柔軟に物事を考えられる」など、認められるどころか良い評価になっていたりするのです。

「良い、正しい」とされている形は、あっという間に変わるということです。ですから、ひとりひとりが自分の感覚に合うものを選んでいけばいい、それができる時代になり、それをしている人が心の幸せを感じられる時代なのです。

そのためには、これまでの固定概念や思い込みの枠を外すことです。

これまでの価値観を否定するのではなく、選択の瞬間瞬間に、まわりに流されない自分の本音の感覚を基準にしていけばいい、ということです。

ひとつの物事を違う方向から眺めたり、「それは自分にとって本当に幸せ？」という心の感覚で考えると、まったく新しい第三の方法や考え方がたくさん出てきます。

新しいものは、その時代に必要なもの
――草食男子は新人類

この数年、「草食系男子」という言葉が流行りました。

たしかに、今の20代の男子（男性？）たちは、私が同じような年齢だったとき（10年前）の同級生たちに比べると明らかに「草食系」になっていると思います。

外見も内面も、かつての「男らしさ」の象徴であったものがなくなっている……ガッチリした体育会系の人は少なくなり、髪型も昔で言う「短髪」ではなく、顔や性質を含めた全体の雰囲気も、「勇ましくて雄々しい」というより「優しくてマイルド」な方向に向かっています。

そして、今の若者が人生に求めるものは、団塊世代の人たちとは明らかに違ってきています。

たとえば、以前の若者（男性）はほぼ全員「車」に興味があり、かっこいいマイカーを手に入れて女性をデートに誘う、という形が王道だった時代がありました（これは、私より、少し上の世代です〈笑〉）。それが仕事の原動力になっていたり、なにかを頑張るきっかけになっていたりしたのです。

ところが今の若者は車などに興味はなく、外に出かけるよりも室内にいることを好んだり……団塊世代から見たら「男らしくない」と嘆きたくなる生活スタイルの人がたくさんいます。

ですがここで大事なことは、「本人たちはそれを幸せと感じている」ということです。

もちろん、なかには、不景気な時代に希望を見出せなかったり、やむなくその形をとっていたりする人もいますが、それは多少なりともどの時代にもあったこと……当の本人たちは、その生活に楽しさや幸せを感じていることが多いのです。だとしたら、それが今の時代に合っている新しい好みやスタイルかもしれません。

事実、草食男子が増えているのは、その裏に肉食女子が増えている……需要と供給が成り立っているのです。

今の20代女性からすれば、今の男性に求めるものは、勇敢に戦う強い姿勢などではなく、やわらかさや癒しを与えてくれる顔や雰囲気であったり、女性と同じ目線で物事を考えられるマイルドな優しさだったりするかもしれません（すべての人がそうであるわけではなく、そういう人も増えた、ということです）。

ひとつの基準を「正しい」という視点で眺めると、そうではないものを軌道修正したくなりますが、実はそちらのほうが今の時代に合っているかもしれない、それでもうまくいくかもしれないのです。

□じゃダメ！
と思っていると
△をなんとか
□にしたくなる

まわりが△だらけの時代になると
生きにくくなる

その枠を広げると
どっちもあり ということがわかる
それぞれが、自分の自由に選べばいい。

オリジナリティが出てくる
――「変わっている＝劣等、失敗」ではない

たった数年で、同じことにまったく違う評価をされることがあります。

たとえば「オタク」というもの……私が学生の頃、オタクは変人であり、他の人と同じようにコミュニケーションをとることができない、暗くて近寄りがたい存在とされていました。ですが今、インターネットが普及し、コンピューター技術が発展したのは、かつての「オタク」たちのおかげです。見方を変えれば、オタクはひとつのことに没頭できる素晴らしい研究者なのです。

私が高校生の頃にクラスにいたパソコンオタクも、たしかに変わった男の子でしたが、「休み時間も授業中もパソコン雑誌を読んでいる……そんなに好きなことがあるなんて本当にうらやましい」とよく思ったものでした。自分の好きなことを早くから見つけている人、そしてまわりの目を気にせず没頭しているので、

本人はいつも楽しそうだったのです。

「アニメオタク」や「コスプレ」というようなものも、出てきた当初のイメージは変わり、今では日本の文化のひとつになっています。海外で認められてようやく、「それも悪くない」と思い始めるとは、これまでの日本は本当に多様性を認めるのが苦手だったのでしょう。

「同性愛」「バイセクシュアル」など、性に関係する状態も、この典型です。

これこそ、体質も含めたその人の個性に過ぎないのですが、世の中に出てきた当時は「少数＝変わった」という目線で眺められてきました。それが今では、テレビで活躍している人たちにも、この特徴を持つ人が多く見られます。


前記のような「特殊な好みや状態」に対しては、今では誰でも「そういう人もいるかもしれない」と認め始めています。「世間が認め始めたから」という人もいれば、「特殊すぎて、自分には関係ないから」ということもあるはずです。自分のまわりには起こりえない問題（と勝手に思っている）だから、「どっちでもいい」と柔軟になれるのかもしれません。

ところが同じように考えれば、生活スタイルをはじめとする、仕事、結婚、出産、教育、暮らしの「形」もその人の好みであり、本人の自由です。個性ですから、そこに「正しい、間違っている」はありません。

たとえば、「主婦」ではなく「主夫」の形をとるのもその人たちの個性、結婚しても子どもを持たない、というスタイルを選ぶのもその人たちの個性です。

自分のまわりに関係があるとなった途端、または立場が変わった途端に、それを認められなくなる人も多いのではないでしょうか？

結婚をしない形が合っている人もいていいし、週末婚が理想の人はそれでいい、フランスのように入籍しない「パートナー」感覚のカップルもいていいし、もちろん従来の主婦の形が合っている人もいていいのです。

私のまわりにいる女性たちを見たときに、「この人は本当に従来の『主婦』に向いている」という人もいれば、「従来の『主婦』になったら、この人の魅力はなくなってしまうだろうなあ」と思える人もいます。

男性でも同じです。たとえば「主夫」という形が出てきて楽になっているのは、女性だけではありません。その形が認められるようになって、やっと自分の個性が生きる、とホッとしている男性もたくさんいるのです。

あらゆることにおいて、その人が居心地よく感じる形がその人にとっての幸せであり、「人それぞれでいい」ということを、ようやく社会が認め始めたと思います。

親でさえ、本来、子どもの自立した好みや状態に口を出せるものではありません。それをしたくなるのは、「自分たちの幸せの常識のほうが正しい」という思い込みがあるからです。「こうすることがこの環境での王道、きちんとしている、常識である」というような、一見「正しいこと」の思い込みで枠を作っているのです。

選択肢の提案ではなく、「それ以外はダメ」という強制になった途端、押しつけている側も、押しつけられている側も苦しくなり、本音のとおりに生きにくくなります。

これからの時代は、あらゆることに対して枠を外し、その人の個性を尊重する時代になっていくと思います。サインも、ひとつの物事を違う視点から見たときに、はじめてそこにある新しい意味に気付ける……それと同じように、ひとつの方向だけではなく別の見方ができるようになっていくのです。

教育プログラムの変化①
——「優劣」はなくなる

教育についても、これからはあらゆる方法が出てくる……最終的には、「それぞれの子どもに合った教育プログラムで進んでいい」という状態になると思います。

私は、現在の執筆の仕事につく前、母校の生徒たちの家庭教師をしていました。小学生から高校生まで7、8人の生徒がいましたが、同じことを教える場合でも、こちらの伝え方（教え方）によって、効果はまったく違いました。

常にお尻を叩いたほうが良い成績を出す子もいれば、とにかくリラックスさせることが必要な生徒もいます。生徒と同じ目線で仲間意識を持ったほうがいい場合もあれば、「先生」という雰囲気で接するほうがやる気が出る子もいる……その子の性質や感性、どんなことに興味があるかによって、効果的な進め方が違うのは当たり前のことです。

ということは、すべての子どもに同じやり方や基準を当てはめて、「これができたら優秀（＝できなければ劣等）」と決めることはできないのです。

たとえば、私が小中学生だった20年ほど前に比べると、現代では「学校に行くことができない」という状態の子どもが増えていると聞きます。

当時は「登校拒否児童」としてあまり良い印象は持たれませんでしたが、ではその子たちが劣等生だったかというとそうでもなく、当時の学校の考え方やまわりの生徒と少し違う考えを持っていただけ、ということもあったのです。

大人である今の私が言っていることを、当時から口にしていた子もいました。ただ、それがまわりの子ども（大人）には理解されず、単に少数派として無視されていただけだった……。

大人であれば、自分に合う環境に自分から移動していくことができますが、子どもはその違和感を訴える方法が「登校拒否」という形しかなかったのかもしれません。見方を変えると、「はじめから進んだ考え方を持っていた子どもたち」とも言えるのです。

登校拒否をしている子どもたちの考え方や個性を、「それもありかな」と考えられれば、「登校拒否＝間違っている」という感覚はなくなり、また、他の人と違うことでいじめに発展する可能性も少なくなるかもしれません。

もちろん、そのときの子どもの言い分をどのように捉えるかは状況によって様々、親が原因で登校拒否になる場合もあるでしょう。ですが、**ひとつの形を同じ基準で判断する考え方が日常生活レベルからなくなれば、その「形」だけを追って「成功、失敗」となるわけはなく、ひとつの状況にいろいろな捉え方ができる、**ということです。

私の知人（60歳を越えている）は、大学生の頃から、今で言う「同棲」や「週末婚」という考え方に賛成だったと言います。彼女自身がそれを望んでいたのではなく、「いろいろなスタイルの人がいて当たり前」という意味でした。
「そういう人もいていい」とされる現代から見れば、当時にしては進んだ考え方でしたが、それを当時のまわりの人が受け入れなければ、登校拒否児童と同じようなレッテルになっていたかもしれません。つまり「変わっている＝不正解、非常識」となるのです。

すべてのことを、そのときだけの基準、知らないあいだに作られた「枠」のなかで判断していることが多いのです。先の時代から見たら、とても合理的で進んだ考えかもしれないのに……。

たとえば、子どもが学校に行かなくなったときに親が焦るのは、それが失敗につながると思い込んでいる親の価値観があるからです。他の人と違う反応をすることが失敗であり、普通であることが正解と思い込んでいる親自身の感覚です。

もし、「学校に馴染めない子どもは、ユニークな考え方を持っている天才肌」という考え方が世の中に広まったら、急に心配しなくなる親も出てくるかもしれません。または、同じ反応をする子がクラスの大半になったら心配ではなくなるのでしょう。

教育プログラムの変化②
――自分の本当に好きなことをやっていい

かつて「登校拒否児童」と扱われていた人の中には、ユニークな才能を開花させて、今社会で活躍している人がたくさんいます。登校拒否をして自宅にいたために、自分の好きなことに熱中して年月が経ち、いつのまにかその道のエキスパートになっていたのです。

「好きなこと」と言えば聞こえはいいですが、簡単に言うと、「それしかできなかった」ということです。「○○をするときだけ他の人とも話すことができた」とか「○○だけには恐怖を感じなかった」「○○についてだけは何時間でも勉強できた」など。

たいていの場合、それはその子の好きなこと（得意なこと）ですから上達しないわけがありません。ある意味、たっぷりと時間があったからこそ、できたことなのです。

みんなと同じことが正解という基準で見れば「劣等生、失敗」でしたが、実は自分の好きなことに打ち込めるラッキーな環境だったかもしれません。

これまでの教育では、「自分の好きなこと」があったとしても、それを続けるのは大変なことでした。「それは趣味のお稽古事」とか「もっと大事な勉強がある」という雰囲気の中で、なんとなく脇に追いやられていくことが多かったのです。

小さな頃から、他の人と同じように足並みをそろえることが「良し」とされる教育を受けてきたのに、高校や大学を選ぶとき、または社会人になるときに突然「自分の好きなことはなんですか？」と聞かれても、出てくるはずがありません。

社会人になって何年も経ち、ようやく自分の本当に好きなことを始めたとき、「考えてみると、自分は昔からこういうことが好きだった……」と思い出す人も多いでしょう。しかもそれは、社会人になって自分の仕事に向き合う途中で、社会で好きなことをして輝いている人や、自分のスタイルで人生を謳歌している人を見るなどして、ようやく「ああ、自分も好きなことに進んでいいんだ……」と気付いたりするのです。

もし、小学生や中学生の頃から、「自分の本当に好きなことをずーっと追っていい」と知っていたら、もっと選択の幅は広がったと思うのです。

今、世の中を見ていても、自分の専門性や得意なことがはっきりしている人は、社会の体制が変わっても恐れることはありません。

「専門性」というと特殊技能のように感じますが、つまり「自分の好きなことがある」という状態です。

子どもでも大人でも、本当に好きなことをやっているときは、はたから見たら「努力」と思えるようなことを自然としているものです。そして、その本人が心から幸せを感じているのです。

そのためには、親や学校がこれまでの価値観で「これをするのが正解」と決めつけないことです。同じ環境に生まれても興味を持つことは人によって違い、親やまわりと同じ方法ではうまくいかない場合もあれば、同じ状況にさせても本人が幸せを感じない場合もあるからです。

「それが好き」と本人が思い込んでいるとしても、それは小さい頃から親やまわりが決めつけていたから……ということもあります。

家業として継いでいかなければならないものがある場合でも、その子どもが本当にそこに興味があれば、ほうっておいてもその道に入ります。それをするのに合わない子どもに無理にそれを強制すれば、最終的に本人が不幸を感じるかもしれません。その家業全体の盛り上がりを考えても、それが合っている人に継いでもらうほうがいいに決まっているのです。

子どもにとっての本音の感じ方（＝サイン）を見逃さなければ、その子の能力が本当に開花する方向にはじめから進んでいけることになります。

学校は、「人の好みはそれぞれだから、あなたの好きなことに堂々と進んでいいよ」と「枠を外してくれる場所」であり、世の中にある様々な選択肢を見せてくれる場所であってほしいと思います。そして、それぞれの子どもに合った「オリジナルの教育方法」を提案してくれる場所であれば理想的です。

もちろん、これは今の段階では私の勝手な理想論です。ですが、ひとりひとりが、日常生活の段階から自分の本音に沿って物事を選び、人それぞれでいいということを本当に理解するようになると、まわりのなにかに合わないことを「失敗、劣等」と捉えることは減っていくでしょう。

物を買うときにも、世間の評判ではなく自分の好き嫌いの感覚で選び、進路を決めるときも、将来の基準ではなく、自分の心がワクワクするかで選んでいけば、大人になってから慌てて「自分の好きなこと探し、幸せ探し」をすることもなくなります。

あらゆることに「オリジナリティがあっていい」と思い始めると、教育についても自然と「それぞれの子どもに合った教育法でいいのでは？」と感じるのです。薬の処方が、ひとりひとりの体格や体質によって違うように、全員に同じ教育をして同じような効果を期待するほうが無理がある、と思うのです。

２０１３年春から始まった東京大学の教育プログラムに、「初年次長期自主活動プログラム＝FLY Program（Freshers' Leave Year Program）」というものがあります。

濱田純一東大総長によれば、FLY Programとは、

「入学した直後の学部学生が、自ら申請して1年間の特別休学期間を取得したうえで、自らの選択に基づき、東京大学以外の場において、ボランティア活動や就業体験活動、国際交流活動など、長期間にわたる社会体験活動を行い、そのことを通じて自らを成長させる、自己教育のための仕組みです。『プログラム』といっても、大学が学習メニューをつくって提供するものではなく、その内容は学生自身の主体的な判断によって決定されます」

というものです（東京大学ホームページより）。

まさに、これまでの枠から離れ、社会を見ていろいろな選択肢があることを知ってほしい、という「枠を外すため」のプログラムです。

家庭は人としての躾《しつけ》や作法を教えるところ、学校は「枠」を広げてくれるところ、いろんな可能性を見つけるために選択肢を増やしてくれるところであってほしいと思うのです。

教育プログラムの変化③
――弱点を克服する必要はある？

これまでの教育の価値観では、他の人と同じように（またはそれ以上に）できる子どもが優秀とされ、すべての科目で成績が良いことを求められました。それは、マルチになんでもできる人が、社会の認める「企業戦士」として評価されていたからです。もちろん、マルチなタイプが合っている人もいますが、そうではない人もたくさんいる……事実、社会で評価されていた「マルチな企業戦士」を続けた結果、全員が幸せになったわけではありません。企業戦士のおかげで「物に溢れた豊かな日本」にはなりましたが、心の幸せ度の低い人がたくさん出てきたのです。

物だけを追うスタイルには限界があることを、今では誰でも知っています。癒し、リラックス、自然とともに生きる、というような思いが、今、年齢や性別を問わずに高まっているのはその表れでしょう。

弱点は、その人のオリジナリティであり、個性です。

あなたにとっての弱点の部分が得意な人もいるわけですから、それが得意な人にまかせればいい……本当の意味で分業すればいいと思うのです。

仕事で考えてみても、それぞれの人が得意な能力を持ち寄って役割分担ができているとき、その仕事は効率よくストレスが少なく進みます。ところが、自分のできないことにまで手を出して頑張ろうとするとき、それは素晴らしい努力のようで、実は全体にとって遠回りということがあるのです。

私自身のことを考えても、私の苦手な経理や事務的な処理まで頑張ってやっていたときよりも、それが得意な人にまかせてからのほうが全体の進みが速くなりました。

マルチであることがいいような気がしていましたが、見方を変えれば、「それが得意な人の仕事まで奪っていた」ということになるのです。そして、頑張って「マルチ」をやっている私自身が楽しくありません。「弱点＝克服すべき」と考えると、やらなければいけないことがたくさんありますが、自分の得意な方向からやればいいとわかると楽になります。

これからの時代は、小さな頃から自分の専門性を磨く教育システムに変わっていくと思います。そのためには、不得意なことに焦点を当てる必要はありません。ひとつのことで「天才」とされる人が、子どもの頃は、「それ以外の分野では劣等生だった」という事実が多いことを思うと、小さな頃に弱点を克服させたり、苦手なことを無理にできるようにさせる必要はないような気がします。

夢や望みを実現させようとするときにも、「まず自分の弱点を改善しよう」と思い始めると、逆にその部分が拡大します。

ほとんどの場合、自分の弱点を考えて楽しい気分になる人はいません。それにまつわる過去の失敗を思い出したり、これから失敗するかもしれない未来の不安が出てきたりするものだからです。

苦しみながら弱点を克服することに心から喜びを感じる人はそれでいいと思いますが、それが苦しい人は、得意な方向から進んでいってもうまくいく……、2

章で書いたように、「苦手」と感じることもサインであり、あなたはその方向から進まなくていい、ということだからです。

あなたの居心地のいい方法でうまくいく①

すべてのことに新しい方法が出てきている今の時代、あなたが居心地のいい方法、得意なやり方で進めばいいことになります。**居心地がいい、無理がない、という感覚が、「その方法でうまくいく」というサインです。**

世の中にあるたくさんの成功法則的なものを見たとき、ひとつのことに対して真逆のことが言われている場合があります。

たとえば、新しい縁を広げることについて、「自分を開放して積極的に外に出たほうがいい、誘われたものにはすべて出席する」というような考え方もあれば、「そういうものには一切出ない」ということをモットーにしている人もいます。

夢や望みを実現させるときに、「数年後、一年後、半年後、そして今日と、やるべきことを明確にして計画するべき」という人もいれば、「決める必要はなく、そのときどきに起こることや流れにまかせたほうがいい」という人もいます。

一言で言えば、どちらも正解……その方法で成功したのは、その人自身が、そのやり方に違和感がなく、居心地がよかったからです。

結果が同じだとしたら、自分の居心地のいい方法のほうが楽ですよね。

たとえば、「運がよくなる方法」なども、「掃除をする」という方法に気持ちが乗ったのであれば、それがあなたにとって一番効果的な方法ですが、「運が上がるらしいから、掃除をしよう」となると、見た目がきれいになるだけの「お片づけ」としか作用しなくなります。もちろん、なにもしないよりはましですが、その効果の大きさは変わってくるのです。

ある講演会の主催者（Cさん）と話をしていたときのことです。

講演会を主催するときの従来の常識からすれば、大きな団体やメディアの力を借りて大々的に宣伝をしたほうが集客の効果があり、それが全体の成功にもつながりやすい、とされていました。

ところがCさん（地元企業の経営者）は、日ごろから大勢の人と交流することが得意ではなく、地元の経営者団体などにも加入していませんでした。団体に加入したときに避けて通れないしがらみや義理でのお付き合いに、どうしても時間を割くことができなかった……Cさんの言葉を借りれば「自分は友達が少なくて（笑）」という状況だったのです。

そこで、自分が居心地のいい方法で集客を始めました。つまり、信頼している好きな人たちに講演会への思いを語り、それに心から同調してくれる人だけで広げていったのです。主催者がそのエネルギーで動けば、そこにしがらみやお付き合いで応援する人は出てこない……その結果、Cさんと同じエネルギーで動く人たちだけが大勢集まり、質の良い大きな講演会を成功させることができました。

その経緯を知らなかった私たち側の感想としても、大きな団体が主催をしたときと同じような集客力がありながら、細やかな心遣いも感じられる、心に残る講演会になりました。

同じエネルギーの人が数人集まるだけで、結果的に大きなことを動かせる……、同じように、たったひとりの主婦の気持ちの盛り上がりからグループが生まれ、1000人近くの講演会になったという例も多々あります。

それらを見ていると、成功する講演会に共通していることは、それぞれの主催者が自分に合った方法をとっている、ということです。目指しているところは同じでも、その方法に正解はなく、従来のやり方に違和感があれば、より自分に合っている居心地のいい方法を選んでいるのです。自分に合う方法をとったほうが、気持ちが乗るのは当然のこと……その気持ちの「乗り」は自然とまわりの人にも伝わるので、結局は集客にもつながるのです。

もし、Cさんが頭で考えた常識を優先して気が進まない方法をとっていれば、途中でCさんの気持ちが下がったり（それがなによりも全体に悪影響を与えます）、無駄な労力やコストがかかっていたことでしょう。

経済界をはじめ、名の知れた大きな団体でも、これまでの常識から考えると「そのやり方で大丈夫だろうか？」と思えたものがうまくいっている、という例がたくさんあります。これまでは、その方法をためしたことがなかっただけ……、実例がなかったから不安になったり、うまくいかないと決めつけたりしていただけで、見方を変えれば、「それもいいんじゃない？」という新しい方法がたくさんあると思うのです。

あなたの居心地のいい方法でうまくいく②

もっと日常的なことでも同じです。

すべての人に当てはまる「こうあるべき」はなくなっていくので、あなたが居心地のいいやり方で進めばいいことになります。

たとえば、なにかの先生（教える立場）になろうとするとき、必ずしも、それに関係のある学校を出ていなければ教えられない、ということはありません。

私にインテリアや内装デザインについて教えてくれた人は、その手の学校を卒業しているわけでもなければ、インテリアに関する資格があるわけでもありませんでした。その人の感性とセンスに、私も含め多くの人が感嘆し、自然と人が集まってきていたのです。

どんなに資格を持っていても、結局はその人自身のセンス……という分野はたくさんあることでしょう。

人気の「おもてなし教室」を開いている友人も、料理を専門的に学んだこともないし、マナーの学校に通ったこともありません。はじめから「形」がないために、独創的な料理を次々と考え出し、それが形のあるスタイルから抜け出せない人から見れば、「このセンスはどこから来るのだろう」と感じるものになり、多くの人を惹きつけています。

今、私はジュエリーデザインの仕事もしていますが、これも、ジュエリーデザインの勉強をしたことがあるわけではありません。でも好きなことなので、「これを作るときに必要な作業工程」というような「学校で習うべき部分」は独自に勉強しています。

もし、「ジュエリーの仕事を始めるには、まずデザイン学校に行かなくてはいけないのだろう」という「そうするべき」で方法を考え始めていたら、私の場合は苦しくなっていたでしょう。学校のカリキュラムとして、「はじめにこの作品を作らなければいけない」とか「先にこっちをやってはいけない」とされてしまったら、（私の場合は）急にその作業がつまらなく感じてしまうかもしれません。

もちろん、逆の人もいる……大事なことは、自分に合ったスタイルで進めばよく、「こうでなければできない」と決まっていることは意外と少ないということです。

Iさんは、今では立派な企業の経営者ですが、それまで経営に関して学んだことは一度もありませんでした。

Iさんが起業を考えたとき、起業に必要な経営や経理、いわゆる「お金の計算」が極端に苦手だったといいます。Iさんが得意だったことは、その新しい事業のビジョンを人にアック語ることでした（実際、私もその話を聞いたときにかなり影響を受けたほどです）。

もともと本音に正直だったIさんは自分の得意なことから始めた……まわりの人に、自分のビジョンを楽しそうに話し始めたのです。すると、その話に影響を受けた人が次々とつながり始め、最終的にはそのビジョンに出資をしようとする人が現れました（このようなとき、本人にしてみると思いがけないようなことが起こり、人の縁がつながったり、不思議な偶然の一致が重なったりするものです）。

さらに、起業に必要な部分（でもIさんは苦手な部分）を引き受けてくれる人たちが現れ、結果的に、Iさんにとって居心地のいい方法で現在の会社を興すことができました（当然のことながら、そこから先にはいろいろなことが起こりますが、自分の好きなことをしている状態であれば、嫌なことに進んでいるときとは取り組み方が違います）。

その人がひとつのことにワクワクし始めると、その思いと同じものを日常生活に引き寄せ始めます。第2章に書いたように、このときも自分の本音が反応するもの（方法）でよく、それにそぐわない方法は、**あえてそこから進むことはない**のです。

ウソがつけなくなる時代へ
――「おひとりさま現象」は自立の証

ひとりひとりが自分の感覚に正直になるということは、ウソをつくことができなくなっていく、ということです。

社会を見たとき、ウソやごまかしのあった企業や団体は、それがどんどん表に出てきて成り立たなくなってきています。これまでのウソや偽りは、そこに関わっていた人たちの心の感覚として、本音では「モヤモヤしていたこと」ですから、本音に正直になる時代に合わせて自然と世間に露呈していくことになっているのでしょう。

あらゆる業界で「どんなに宣伝をしても、売れないモノは売れず、本物しか残らないようになっている」と言われているのも、このひとつです。

消費者の私たちも、透明性のある商品を選ぶようになっています。

たとえば、野菜はその産地や生産者がわかるものを選んだり、食品に入っている添加物や保存料にも敏感になったりしています。

出版業界を見ても、インターネットの普及によって、書き手が直接作品を発表したり販売できたり……お互いにとってメリットだけではありませんが、たしかに新しい方法が出てきています。

全体的に、消費者と生産者が直につながる購入方法が増え、これまで不透明だった部分や、専門家以外には情報がふせられていたものを一般の人も知ることができるようになっています。それによって、おかしな仕組みをしていた業種は縮小されていくようなことが起きているでしょう。

また、ひとりひとりの好みや用途は違うという点から、「その人だけのオリジナル製品」というものが人気を集めています。

車のパーツを自分の好きな色で組み合わせることができたり、好きな機能を入れて携帯電話を作ったり、家の建て方やインテリアの選び方、旅行や冠婚葬祭のスタイルでも、「あなただけのオリジナルを」という形が主流になっています。

あらゆる分野に「○○プランナー」が出てきたのも、自分の好みでデザインしたい人が増えたからでしょう。

他の人と同じ、という理由でなにかを選ぶことは少なくなっているので、価格が高くてもその人の好みを反映してくれるものに人気が集まるのです。

その典型的な形が「おひとりさま」現象だと思います。

自分の好みや感覚を優先させた結果、「今はひとりのほうが居心地いい」という人が多くなったからであり、決して、「人との交流を避けたい人が増えている」ということではありません。ひとりひとりの個性や好みが確立して、自立してきたのです。苦手なものや嫌いなものははっきりとそれを伝え、自分の責任で選べる人が増えてきたのでしょう。自分の居心地のよさを自分の責任で守れるようになってきたのです。

自立した人同士が集まれば、そこには他人への強制や「お付き合いで相手に合わせる苦しい付き合い方」は減り、本当の意味で仲間同士の交流ができるようになります。

私のまわりを見回しても、男女問わず自立している人同士が集まると、他人への嫉妬や比較というようなエネルギーはいっさいなくなります。

なにかに依存しない自立した人たちが増えているからこそ、「おひとりさま」現象が出てきているのだと思うのです。


これは、仕事のスタイルにも表れてきたと思います。

ひとりひとりが得意な能力を持ち寄ってチームで仕事をし、それが終われば解散してまた別のチームを組む、というように、「目的の同じ人同士が集まって作業をする」という形が仕事として成り立つようになってきました。その企画が終わったときに、同じ会社の社員としてつながっている必要はなく、ときと場合によってメンバーが入れ替わるのです。

本来、この「専門性によって分かれている」というのが会社の「部署」というものですが、前記のように、これまでの教育システムでは、「その会社が安定しているから」とか「他に比べると」という理由で選ぶことの繰り返しであり、また、人を配置する側も、その団体内での規則やルーティーンを基準に配置することが多かったので、その部署の人たちが本当にその作業に向いているわけでもなければ好きなわけでもない、ということが多かったのでしょう。

これからの時代は、ひとりひとりの感じ方が鋭くなってくるので、気持ちが乗らないことをしているときのモヤモヤした感覚があなたに与える影響も、これまで以上に大きくなります。

以前だったら、だいたいが同じ……自分の本音と7、8割くらいが同じであれば進められていたことが、100%近くにならないと進めなくなってきているのです。

こう書くと、わがままになっているように感じますが(笑)、はじめからすべての人が、それくらい心が反応することだけを選べば、本当の意味での需要と供給が成り立つように感じるのです。

たとえば、あなたにとっては違和感があるものに対して、「合っている!」と感じる人もいるのですから、それはそちらの人がやったほうがいいと思いませんか?

「交渉してなんとかそうしてもらう」というエネルギーで始めれば、どちらかの条件が通ったとき、片方は「妥協した、通してあげた」というエネルギーがわずかでも残ります。お互いに妥協し合ったとしたら、そこには両方の「譲ってあげた」という感覚が残るのです。

はじめから違和感のない状態で噛み合う人（物事）と向き合ったほうが、それぞれの感覚に合った作業ができるようになると思うのです。

これからの時代は、我慢をしたり、嫌いなことを必死に頑張ったりするという種類の「努力」は、あまり必要なくなってくると思います。効率が悪いからです。「早いことがいい」という意味ではなく、そこに時間をかけるよりも、あなたが楽しく思える種類の方向から向かったほうが、あなた自身が幸せになり、結果的に全体の幸せにつながりやすいからです。

「我慢＝美徳」という思い込みの枠があると、「本音で選ぶ」ということができなくなります。

あなたの気持ちが「ワクワクする、楽しい」と感じるサインがせっかく来ているときでも、「楽な楽しいほうへ進んでいいのだろうか」と思ったり、「苦しさを感じないと成長できないのではないか」と思ったりするのです。

本当に好きなことをして成り立つ世界へ

本来の「仕事」とは、「あなたが本当に好きなことを、社会に出ても続けていける最高の作業」です。まさに「自己実現」の方法ですから、自分ではない他人に押しつけられたものを嫌々進めていくものではないし、これまでと同じ形をとらなければいけない、と決まっているものでもありません。

今、新しい職種やスタイルが出てきて、それが成り立つようになってきているのは、「自分の幸せの感覚」を基準に選べる人がだんだんと増えてきたからだと思います。

先に書いた「草食男子」についても同じです。団塊世代の人たちがそれを嘆くのは、「そんなことでは働くことができない＝生きていかれない」という心配があるからかもしれません。

ですが、社会の構成要素が変われば、それに合う新しい仕事が必ず出てきます。高齢化社会が進んだ結果、高齢者を対象にした仕事がたくさん出てきたように、たとえば草食男子に合う仕事も必ず出てくる……そしてそれは、草食男子にしかできない仕事なのです。

「主夫」という役割もそのひとつですし、お料理番組を担当する男性タレントが出てきたり、フラワーアレンジメントやお菓子作りの先生に男性がいたりすることも今では珍しいことではなくなりました。幼稚園の先生や、保育士、看護師に男性がいるのも普通です。自分の個性を自由に出すことによって、職業の選択肢は増えているのです。

それぞれの性質に応じて役割分担ができるようになれば、本当の意味で、「自分の好きな仕事、合っている仕事」につけるようになります。

どんな人でも、自分の好きな仕事（作業）をしていると、疲れるどころか、かえってそこからパワーをもらうことができます。今までの時代は、好きなことが仕事になっている人もいれば、そうではない人もいましたが、これからは、そのやり方がひとつに決まっているわけではないので、すべての人が心からワクワクする作業をしても成り立っていくようになるはずです。

資格がなくても、会社を興さなくても、どんな場所にいても、それが成り立つ方法が出てくる……今はまだ変化の途中なので、それが成り立ちやすい業種と、それでは通用しない世界との両方があるでしょう。それが通用しない世界が合う人はそれでよく、そのやり方では苦しい人は別の方法をとればいい、というだけのことです。

専門性が際立つ世界へ
――あなたの使命の見つけ方

それぞれの人が自分の本当に好きなことに没頭するようになると、専門性が際立つので、ひとつひとつの深みが増していきます。

たとえばアメリカでは、テレビのチャンネルが100種類近く（以上？）あります。なかには、朝から晩までゴルフの試合を流しているものや、一日中お料理をしている番組、日曜大工専門のチャンネルもあれば、世界の株価を流し続ける番組もあります。

視聴者は、自分の好きなことに合わせて番組を選ぶのです。

それぞれの人が自分の好きなことを追求しているからこそ、それだけ多くの番組があっても成り立っている……また、それだけ多くの番組があれば、そこには当然雇用も生まれます。

それぞれの人が自分の好きなことに向かい始めたら、仕事の取り合いもなくなるような気がします。

これまでは、社会の決めた同じ価値観を「幸せ、成功」としていたために、それに沿う仕事をみんなが取り合っていましたが、自分の本当に好きなことをして成り立つとなったら、人気は分散するからです。

ひとりの人（団体）が、
心は半分しか反応していないのに、
力やお金であれもこれも…

実は誰も
ハッピーではない

ひとりひとりが 心から賛同できる！というものだけを
選べば、
みんなの好みは分散。
ひとつひとつが充実、とりあいも減る

「好きなこと」というのは、人によって本当に様々です。

同じような環境に育っても、まったく違うことに興味を持つこともあるし、はたから見ると、どうしてそれがそんなに好きなのかわからないことも多いでしょう。

職業というような「形」ではなく、プロセスに感じる「好きなこと」もあります。表舞台に立つことが好きな人もいれば、それを支えることが好きな人もいるし、社会の仕組みをつくることが好きな人もいれば、それを広めることに生きがいを感じる人もいます。常に新しいことを切り開いていくことが好きな人もいれば、その形を維持することが好きな人もいる……それぞれがその道のエキスパートであり、まさに役割分担なのです。

そして好きなことに向かっているときは、誰でも自然と努力をしているし、時間を忘れて没頭できるものです。

この、**「とにかくやっていて楽しいこと、それを考えるとワクワクすること」が、あなたの使命であり、役割**です。

「使命」とは、社会的に大きなことだけを指すのではありません。

その人が、その作業によってワクワクした気持ちで進むと、その人自身が幸せになり、結果的にまわりの人に影響を与えます。そういう人がたくさん集まった地域や国は幸せになるので、最終的に世界の幸せにつながるのです。直接的な影響だけではなく、第1章に書いたような、「人の意識は水面下でつながっているので、こちらの幸せが地球の反対側の人の幸せにつながる」という仕組みも作用します。

だからまず、**あなたが好きなことに向かっていい**のです。

また、**特に苦しさを感じずに楽にできること、知らない間にできてしまうこと、というものも、使命のひとつだと思います。**簡単に言えば、得意なことです。

私自身のことですが、よく「毎年何冊も本を書くのって、大変じゃないですか？　苦しくなるときがありませんか？」と聞かれることがあります。

もちろん、「生みの苦しみ」がまったくないわけではありませんが、よく考えてみると、それは相手が想像しているような苦しさではありません。

たとえば、「文章が出てこないときにはそこから離れる」とか、「波が来るまでいつまでも待つ」というような、作品づくりに必要なことが、もともとできやすい性質なのでしょう。そして本を書いているときは、書けば書くほど元気になる……と言うと大げさですが、気持ちがよくなるので、仕事に関係ない全体の流れもよくなるのです。

同じように、「その人に向いている得意な作業」というのは、他人から見たら大変そうに思えても本人はそれほど感じていない、ということが多いものです。私がそれをやったら苦しいけれど、あなたには楽にできる、ということです。

なぜ、その能力が与えられているかといえば、そこにその人の役割（使命）があるからでしょう。楽にできるのですから、他の人が感じるような苦しさがなくそれを担当することができるのです。

楽に進めて没頭できるから、超人的な力を発揮できたり、その分野の開拓につながったりするのです。そしてそのときの本人の感覚は、「ただ好きなことをしていただけ」とか「得意なことだから当たり前」とか「自然とそうなっていた」というものであり、そこに無理が少ないのです。

もちろん、はじめから「自分の使命とはなにか？」なんて考える必要はありません（使命感に溢れている人は、まわりに苦しさを与えている場合もあります〈笑〉）。

ですが、自分のワクワクすることに向かっていると、最終的に、「これが自分の役割かもしれない」ということに自然と気付くことが多いようです。

自分がワクワクする好きなことや、自然とできてしまう得意なことの先に使命がある……こんなに楽しいことはないと思います。つまりここでも「ワクワクする」という感覚はサインになっていることを実感できるのです。

第3章まとめ

あらゆることにおいて、各人の好みが際立ち、多様性が増しています。

人それぞれでいい、ということがわかると、全員に同じ基準を当てはめて、それから外れた人のことを「劣等、失敗、不幸」と捉えることはなくなり、弱点も、その人の個性であることがわかります。

それにともない、これからの時代の仕事のスタイルは、その人が本当に好きなことへ進み、専門性が際立つ形に変わっていくと思います（すでに、それが成り立っている業種もたくさんあります）。


仕事は、あなたが自分の好きなことを続けていくための方法です。やればやるほど楽しくなることであり、得意なこととして楽に進められるものです。

これまでの時代は、それが「生活」として成り立たなかった（＝お金を得ることができなかった）としても、これからは形にこだわらない新しい方法が出てきます。

「従来の利益の出し方」では成り立たなくても、形にこだわらなければそれができる、ということがたくさんあるのです。

好きなこと、得意なことをして生活できるようになっていく……そのためには、まず、日常生活の段階から、自分の本音の感覚で物事を選んでいくことだと思います。

最終章

サインを感じられるようになると、精神的に進化する——まとめに代えて

あなたも、すでに宇宙とつながっている

この数年、「目に見えない種類のこと」が広く受け入れられるようになり、「そのようなものを見たい」「つながりたい」と思うような人が増えましたが、実は、誰でもはじめから「それらのもの（宇宙、見えない叡智《えいち》）」とつながっているのです。

その表れのひとつが「サイン」です。

人間の私たちにはただの偶然に思えることが、実はあなたに必要なことを伝えている……**目に見えないなにかが、いつもあなたを後押ししている証拠です。**

「ここで起こっていることと、あそこで起こっていることが、実は関係がある」「ふと感じることにも意味がある」ということを体験するのは、「自分のまわりに起こることはすべてつながっている」という宇宙の仕組み（この世の仕組み）を体験しているときです。普段は忘れがちですが、サインに気付くとそれを思い出すのです。

そして、宇宙との対話であるサインが、「あなたが幸せになる方向を示している」ということは、**「宇宙の波動やエネルギーは、あなたが幸せになることを望んでいる」**ということになります。

もっと簡単に言えば、**あなたが「幸せやうれしさやワクワクを感じているとき」が、宇宙とつながっているときなのです。**

ワクワクした状態を維持していると、思わぬアイディアが出てきたり、他の人からすれば「大変な努力」になることを自然と達成してしまったり、その人の本来の力がそれまで以上に発揮されたりします。それは、宇宙と調和し、宇宙と同じエネルギーになっているために、宇宙がその叡智の一部を私たちに見せてくれているからでしょう。宇宙と同じような波動になっていれば、その知恵は無尽蔵にやって来ると思います。

笑っていたり、ワクワクした状態になっていることがうまくいくのは当たり前、ということです。

サインに気付くことは、精神的な進化につながる

サインに気付くようになると、ひとつの物事を違う角度から眺められるようになります。

これは結果的に、その人の精神的な進化につながります。**精神的に進化するとは、幸せを感じやすくなるということです。**

たとえば、「ただの偶然の一致と思っていた」ことが、見方を変えたらこんな意味が隠されていた」と知ると、起こることすべてが、自分がいいほうへ進むためにいつもなにかを教えてくれていることがわかるので、自分の生活（人生）が守られているような安心感に満たされます。

宇宙に守られているのか、守護神のようなものに守られているのか、表現は自由ですが、目に見えない大きなつながりの中に存在していることがわかり、無意味に勝手に起きてしまうような物事は少なくなるので、未来に起こることを恐れ

る不安感は少なくなります。

また、そのときに必要なことだけが起こるので、「これは失敗！」ということは少なくなり、強い後悔や罪悪感などもなくなります。

さらに、「これが絶対に正しい！（それ以外は間違い）」と思っていたことを違う角度から眺めた途端に、「実はそっちも悪くない、それもありなのではないかな？」と思えるようになるので、幸せを感じられる状況が増えていきます。つまり、**枠を外して物事を眺められるようになる**のです。

枠組みがある人ほど、認められないものが増えていくので、不幸を感じやすくなります。気にかかることが増え、批判したり、強制したり、修正しようとしたくなることが増えるからです。人それぞれでいいと思うと、相手を変えようとする苦しさもなくなります。

結果的に、認められないものが少なくなるので、「今」に幸せを感じられるようになり、幸せな状態のまま、さらに自分の望みや夢に向かえるようになるのです。

精神レベルが上がると、サインの質も上がる

サインはすべての人の生活に来ているものですが、その質は人によって違います。これまで私の本で書いてきたように、あなた自身の「精神レベル」が上がると、サインもわかりやすく来るようになる……それに気付くと思います。

精神レベルの仕組みについてはこれまで何度も書いてきましたが、簡単に言うと、「精神レベル」とはその人自身の精神的な成長を表すものです。生まれてきたその人自身（魂）に優劣は決してありませんが、今の人生で精神的に成長している度合には、やはり差がある……「魂の成長度合い」と言ってもいいかもしれません。

精神レベルの高い人（自分）と低い人（自分）では、同じことが起こっても、その展開が変わっていきます。

たとえば一見嫌なこと（トラブル、事件など）が起きたとき、精神レベルの高

い人は、それが起きた本質的な意味を考えたり、すぐに「善悪」の判断をつけずに受け入れたり、その物事のよい面を見ることができたりしますが、精神レベルの低い人は、それを環境やまわりの人のせいにしたり、「運の悪いことだ」と決めつけてただ落ち込んだり、自分とは関係ないところで勝手に起こっていることだと捉えがちです。するとその捉え方のエネルギーにふさわしいように物事が展開していくので、同じことが起こっても結果がまるで変わってくるのです。

同時に、常にその捉え方で進んでいくので、はじめから起きる物事自体がだんだんと変わっていくのです。

私自身のことを振り返っても、精神レベルが低いときに起こっていたことと同じようなことが今起こっても、それを助けてくれる人が現れたり、私自身の捉え方が変わったためにダメージが少なかったりするなど、前回とは違う展開で収まります。

つまり逆から言うと、**数年のスパンで同じようなことが起こり、前回と同じような感覚で同じような結果になってしまうことが続くというのは、自分自身が同じようなレベルをグルグルしていることになるのです。**

毎度おなじみ

精神レベルのらせん構造

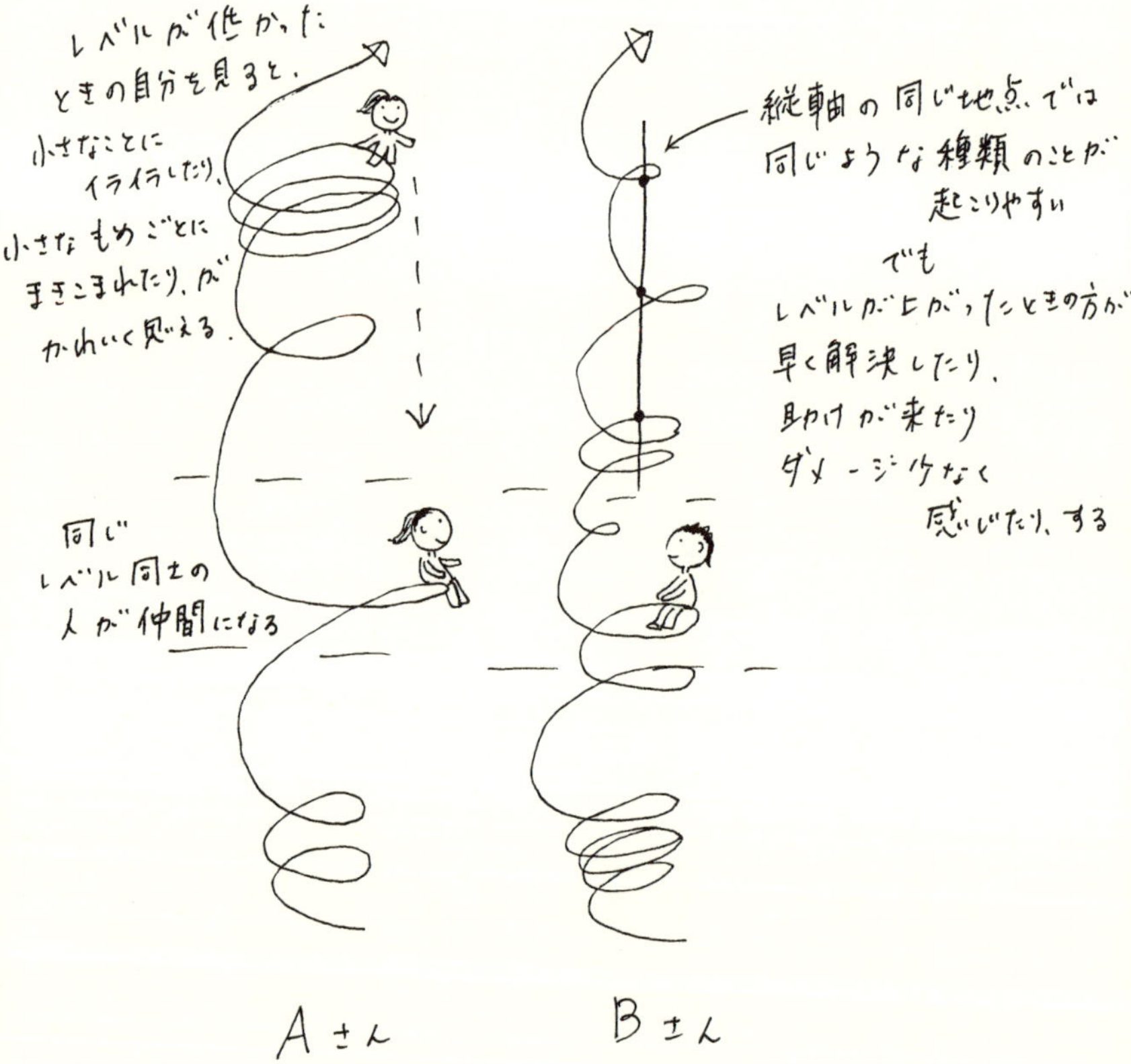

レベルが低かった
ときの自分を見ると、
小さなことに
イライラしたり、
小さなもめごとに
まきこまれたり、が
かわいく思える。
同じ
レベル同士の
人が仲間になる
縦軸の同じ地点では
同じような種類のことが
起こりやすい
でも
レベルが上がったときの方が
早く解決したり、
助けが来たり
ダメージ少なく
感じたり、する
Aさん
Bさん

精神レベルが上がると、ひとつひとつの現象がよりわかりやすく、奥深さが増していきます。

事実、本書で書いたようなことは、私にとってはじめてのことではなく、これまでにもわかっていたことでした。たとえば「ふとした偶然の一致」については「シンクロニシティ」として書いたことがありますし、「ふと感じること」は、直感としてこれまでにも実践していたことです。ですが、**自分自身の精神レベルが上がると、以前よりも、ひとつひとつの意味が繊細で深くなり、それに気付いたときの効果も大きくなるのを実感するのです。**

たとえば、「感謝をする」と精神レベルが上がりますが、単に「感謝は大切」と言うと、「そんなこと知っている」とか「昔から言われている当たり前のこと」というように感じると思います（私自身もそう思っていました）。

ですが、「感謝は大切！」と一般常識的に思っている状態と、心から日々それを感じて暮らしている場合とでは、違いが出てくるのです。一般常識的に認識している状態が50％の状態だとしたら、まわりにいる人のことをひとりひとり思い浮かべ、毎日その人たちに心からしみじみとありがたいと感じながら暮らしている、という状態は80％かもしれません。それがさらに進み、まわりの人だけではなくこの世のすべてに涙が出るほどありがたさを感じることができるのは１００％かもしれません（たとえばの話ですが……）。

50％のときに比べ、80％の状態のとき（それができる心の状態のとき）のほうが、明らかにサインは頻繁にわかりやすく表れます。

これは、「情報量が増える」という感覚に近いでしょう。

50％の状態で感じるサインは50％の情報量しかないので、それに気付くことも、その意味を理解することも50％なりですが、80％になると情報量が増えた分だけ、「それがなにを示しているか」がわかりやすくなるのです。また、「今まさにそれが必要」というぴったりのときにやって来るようになります。

たとえば、ラジオでスポーツの実況中継を聞いているときは、耳で伝えられる情報しかわかりません。そこには時差もあり、今実際にどんな状況になっているか、選手がどんな表情をしているかなどは想像で理解するしかないのです。それがテレビ中継になれば、目からも耳からも状況がライブでわかる……それと似ています。

つまり、自分の精神レベルが高い状態のほうが、自分にとってわかりやすい形と方法で、そしてそれが示している内容も、とても自然にはっきりとわかるようになるのです。

精神レベルは波動の一種なので、精神レベルが上がると波動の振動が細やかになるので、繊細な物事の変化に反応しやすくなる」とも言えるでしょう。

極端な例ですが、50％や80％に比べて0％の状態……つまり、精神レベルが低く、世の中のすべてに不平不満を感じ続け、あらゆることを環境やまわりの人のせいにしたり、物事をなんでも斜めから見たり、人生は苦しいことばかりでなにも自分の思いどおりにはならない、感謝などできるはずがない、という状態にいると、サインを感じることすらできなくなります。

私自身のことを振り返ってみても、イライラしていたり、なにか思い違いをしていたり、調子に乗っていたり、感謝が足りないようなとき、つまり精神レベルが低いときにはサインが来なくなります。まさに、宇宙とつながっている感覚が薄くなり、物事がバフバラに勝手に起きていくような感覚になってしまうのです。

ですから、精神レベルが上がれば上がるほど、サインは繊細になり、ひとつひとつの深みが増していきます。

サインは、あなた自身が幸せになっていくための指針であり、メッセージであり、お知らせです。様々な方法と形と質がありますが、あなたの精神レベルに応じて、**宇宙からのメッセージは常に来ているる**ということ、そしてそれは特殊なものではなく、**今すぐにでも日常に生かしていくことができるもの**だということです。

あなたの人生も、目に見えるものの裏に目に見えないものの力が働いていて、常に後押しをされているのです。その後押しをしてくれている宇宙のエネルギーと合っているときに、あなたはそれを「ワクワクする」と感じ、それとは違うエネルギーのときに「モヤモヤする、違和感がある」と感じるのです。

あなたにも、宇宙の波動をキャッチする感覚が、すでにきちんと備えられているのです。

[著者]
浅見帆帆子（あさみ・ほほこ）
作家。東京生まれ。青山学院大学国際政経学部卒業後、ロンドンに留学、インテリアデザインを学ぶ。帰国後執筆活動に入り、『あなたは絶対！　運がいい』（廣済堂出版）、『大丈夫！　うまくいくから』(幻冬舎)、『あなたの運はもっとよくなる』(三笠書房)、『あなたと宇宙とあなたの使命』（世界文化社）、『いつも忘れないで。』『あなたの夢がかないますように』（以上、ダイヤモンド社）などが、累計400万部超のベストセラーとなる。そのほか、絵本、旅エッセイなど著書多数、海外でも広く翻訳出版されている。
近年、インテリアデザインや文具などのプロデュース、介護ユニフォームをはじめとするファッションアイテムや、ジュエリーブランド「AMIRI」のデザインなど、独自のライフスタイルが注目されている。現在の夢はアジア平和。カンボジアでの里子や教育支援を通して、アジア平和につながる活動を展開中。

公式HP　http://www.hohoko-style.com/
携帯サイト「帆帆子の部屋」　http://hohoko.jp
ジュエリーブランド「AMIRI」　http://hoho-amiri.com/
公式フェイスブック http://www.facebook.com/hohokoasami

運がよくなる宇宙からのサイン
あなたにもサインは来ている

2013年９月12日　第１刷発行

著　者――浅見帆帆子
発行所――ダイヤモンド社
〒150-8409　東京都渋谷区神宮前6-12-17
http://www.diamond.co.jp/
電話／03･5778･7234（編集）　03･5778･7240（販売）
カバーデザイン ―浦郷和美＋浅見帆帆子
カバー・本文イラスト ―浅見帆帆子
本文デザイン――浦郷和美
写真撮影――松島和彦
ヘアメイク――野口由佳（MARIS）
DTP制作　――伏田光宏（F's factory）
製作進行――ダイヤモンド・グラフィック社
印刷――勇進印刷（本文）・加藤文明社（カバー）
製本――ブックアート
編集担当――酒巻良江

ISBN 978-4-478-02593-2

◆ダイヤモンド社の本◆

あなたの夢がかないますように

浅見帆帆子［著］

夢のほうから近づいてきてくれる方法があります！　あなたの未来を決めるのは、あなた自身の「思い」です。夢に向かって進む途中で疲れたり、くじけそうになった時に思い出してほしいメッセージが詰まった一冊です。

●四六判変型並製●定価（1200円＋税）

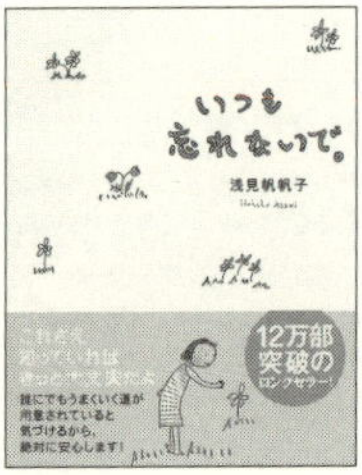

いつも忘れないで。

浅見帆帆子［著］

これさえ知っていれば、きっと大丈夫！　誰にでもうまくいく道が用意されていると気づけるから安心できます。何だかうまくいかない時に、そっと開いて思い出してほしいメッセージ集。

●四六判変型並製●定価（1200円＋税）

いつも忘れないで。
ポストカード・ブック

浅見帆帆子［絵と文］

大好評『いつも忘れないで。』のイラストが素敵なカードになりました。幸運のパワーを受け取れるシンプルで素敵な30枚のポストカード集。大事な人に贈ってください！

●A6判変型並製●定価（1000円＋税）

http://www.diamond.co.jp/